EL AMOR EN LOS TIEMPOS DEL LIKE

Cuidado Editorial: Romina Pons

Diseño de portada: Planeta Arte & Diseño / Estudio Peri
Fotografía del autor: Fer Piña
Diseño de interiores: Sandra Ferrer

Bajo el sello editorial PLANETA M.R.
Avenida Presidente Masarik núm. 111,
Piso 2, Polanco V Sección, Miguel Hidalgo
C.P. 11560, Ciudad de México
www.planetadelibros.com.mx

Primera edición en formato epub: mayo de 2022
ISBN: 978-607-07-8659-4

Primera edición impresa en México: mayo de 2022
Segunda reimpresión en México: octubre de 2022
ISBN: 978-607-07-8638-9

Impreso en los talleres de Litográfica Ingramex, S.A. de C.V.
Centeno núm. 162-1, colonia Granjas Esmeralda, Ciudad de México
Impreso en México – *Printed in México*

ROMINA SACRE

EL AMOR EN LOS TIEMPOS DEL LIKE

NETAS SOBRE EL LIGUE, EL AMOR Y LAS RELACIONES MODERNAS

Planeta

A Juan, que vino a enseñarme
que el amor transforma

Índice

Introducción

HELLO! IT'S ME... AGAIN!

Tal vez ya teníamos el gusto de conocernos, tal vez no. Si solo te llamó la atención el título de este libro y dijiste: «Ay, a ver qué onda», me voy a presentar. Soy Romina Sacre, nací en la Ciudad de México, donde vivo en la actualidad. Tengo la bendición/maldición de aprenderme canciones con facilidad, de retener datos pop que a nadie le importan, amo bailar, comer manguitos enchilados, tomar cerveza fría, los suéteres calientitos, y viajar a donde se pueda. Lloro y me río con facilidad, leer e ir al teatro son de mis actividades favoritas y adoro a los perros con locura (de hecho tengo tres adoptados). Estudié actuación en Nueva York, pero en 2013 decidí emprender y hoy tengo una empresa llamada Romina Media;

que consiste en un movimiento digital llamado Sensibles y Chingonas, el cual nació a raíz del éxito de mi primer libro: *Lo sensibles no nos quita lo chingonas*. Además tengo dos pódcast: *Sensibles y chingonas*, donde se vale hablar de todo sin miedo a ser diferentes, y *Jefaza*, en el que resolvemos inquietudes laborales.

Soy intensa, apasionada, malhablada, odio las injusticias y por muuucho tiempo creí que estaba llena de defectos y que nadie me iba a querer como era porque solía ser *too much*. Encima de mi intensidad desbordada, tengo una personalidad extrovertida y pocas cosas me dan pena (también me sé comportar, ¿eh?, por si algún día piensas invitarme a tomar una tacita de té a casa de tus papás), y desde chiquilla era esa persona a la que le llamaba la atención por qué un hombre tenía más libertad que una mujer. Ellos son los que deciden con quién salir. Ellos son los que hacen la conquista. Ellos pueden vivir su sexualidad libremente y nadie les dice nada...

Un poco de contexto: nací en 1985, soy una *millennial* que creció viendo telenovelas y comedias románticas en el cine, y en las historias de aquel entonces (gracias, Dios, que poco a poco ha cambiado) la mujer debía hacer TODO lo posible para quedarse con el hombre en cuestión, porque todo giraba alrededor de ellos. Así, **crecí siendo una enamorada del amor,** confundida porque yo quería salir con quien me invitara, convencida de que me enamoraba de todos, cuando en realidad solo quería besuqueármelos en las tardeadas. ¡Para cuando cumplí veintitantos, estaba decidida a encontrar al bueno pa' casarme, porque en México juzgan más a las solteras que a los políticos corruptos!

«Hasta que no seas feliz contigo no vas a encontrar el verdadero amor» es la típica frase cursi melodramática que ponen en libros de autoayuda. Me hace un montón de sentido, pero en realidad entenderla e interiorizarla es otro boleto porque:

- Nadie nos enseña a amarnos.
- Nadie nos enseña que la felicidad no es la misma para todes.
- Nadie nos habla sobre la vergüenza, esa sensación de no ser suficientes.
- Nadie nos dice que cada una de nosotras es responsable de crear su propia realidad.

Llevo diez años en un proceso terapéutico (me dieron de alta hace tres años, pero igual sigo yendo una vez al mes aprox), y en este camino de conocerme a profundidad, así sin paja, me di cuenta de un montón de mentiras que me dijeron por años: que necesitaba un hombre, que la meta de la vida es estar con alguien y que el amor lo puede todo. (Me dijeron mil cosas más que te iré contando en el libro). Y uno de los veintes más grandes que me cayeron fue cuando descubrí mi miedo a estar sola porque, **por años, me validé a través de mis parejas.**

Como según yo solita no era suficiente, buscaba que alguien más llenara mis huecos existenciales. Salí con infinidad de hombres, desde el supertímido que todo le daba oso, hasta el banquero mirrey que solo usaba *loafers* Gucci, el que no se podía separar de su familia, el millonario neoyorkino, el actor/comediante frustrado, uno que era superfan de los hongos, un abogado tejano que entre broma y broma me decía que por qué no nos casábamos, del que me enamoré pero él no de mí, el que se enamoró de mí pero yo no de él, por enlistar a algunos. Unos mejores que otros, otros peores que otros, pero aquí el punto es cómo me transformaba yo con cada uno de ellos. **Al no saber quién era yo en realidad, me convertía en una versión que a ellos les acomodaba.** Y adivinaste: obvio ninguna de las relaciones duró más de seis meses porque me hartaba no solo de él, sino de tener que pretender que yo era alguien que no era.

Entonces llegué a terapia. Y mi tarea en esta última década fue aprender a conocerme para después amarme, pero de verdad. Decidirme a vivir de manera más auténtica y a indagar de dónde venía mi vergüenza. A entender que nadie está por encima de mí y que alguien que se ama no aguanta ningún tipo de violencia; porque esa es otra: en México vivimos un machismo normalizado que no solo nos afecta a nosotras, sino también a los hombres.

En particular, en estos últimos dos años, me asumí feminista. Y en este camino, además de entender el daño tan tremendo que nos hace el patriarcado, he visto esta enorme confusión que estamos viviendo las mujeres en el mundo de las relaciones. De por sí crecimos con el doble mensaje de «sé femenina, pero no enseñes tanto; lucha por tus sueños, pero no seas tan ambiciosa porque la ambición es de hombres; sé independiente económicamente, pero no ganes más que tu pareja». Hoy que estamos viviendo en una época donde nos empezamos a cuestionar los roles de género, hay un montón de cosas que antes veía normales y ahora ya no. Y eso es UNA MARAVILLA, pero también significa que el nivel de confusión en el mundo de las relaciones se duplicó, y estoy segura de que a muchas mujeres les sucede lo mismito: no están dispuestas a aguantar en el nombre del amor, pero al mismo tiempo quieren encontrar una pareja. #ForeverInLove

El ser una mujer chingona no está peleado con querer estar con alguien. Lo que sí es que, mientras más chingona seas, más selectiva vas a ser, porque jamás te vas a bajar tres escalones para que el otro se sienta cómodo.

«Nunca más voy a estar con alguien que quiera apagar mi luz» fue mi decreto antes de conocer a Juan, quien es mi pareja desde mayo de 2018. Yo soy extremadamente feliz en una relación monógama desde aquel entonces, pero **este libro, mana querida, no es para asegurarte que vas a encontrar al amor de tu vida.** No soy terapeuta, psicoanalista, chamana, Doctora Corazón o Moni Vidente. No tengo todas las respuestas (uff, ¡cómo me encantaría!), pero sí quiero contarte de mi experiencia en el mundo de las relaciones y lo que me han enseñado.

Vengo a platicarte de mis aventuras amorosas, de mis aciertos y de mis fracasos, con la intención de que, independientemente de la relación que tú decidas tener (sexo casual, amante de ocasión, novio, concubino, ¡tú eliges!), siempre digas tu verdad y haya respeto de por medio. ¡Ah! Y al final del libro viene un glosario con un montón de términos para que te sirvan como guía.

A las mujeres no nos enseñaron a usar nuestra voz ni a pedir lo que queríamos; pero eso está cambiando, y empieza por ser honestas con nosotras para después serlo con los demás. Ahora sí que «mi mundo exterior es reflejo de mi mundo interior» o, como yo digo: **«Cuando dejas de hacerte güey todo cambia y te conviertes en la mera mera para elegir mejor».** O séase que: tus chicharrones truenan porque ya no aceptas miserias de nadie.

Sin más choros, te doy la bienvenida a este libro que escribí con un chingo de cariño, porque quiero que tú y todas las mujeres que lo lean se diviertan con la vida y tengan relaciones que sumen en sus vidas.

Gracias por leerme. Eres lo pinshis máximo.

Con cariño,
Romina Sacre

Capítulo 1

¿Ya sabes qué quieres?

Imagínate que estás emocionadísima de tener un perro. Tú eres de las que se levantan hipertemprano a hacer ejercicio y por eso pensaste que un perro activo sería la mejor compañía. ¡Ya te viste en el parque corriendo con él! Buscas en páginas de adopción y ves en Adoptist a uno llamado Aceituna: es grande, con un pelo negro brillante, mirada tierna... ¡Es perfecto para ti! Y cuando por fin lo vas a conocer, de pronto notas que en el mismo lugar tienen un gato. Un gatito huraño, de baja energía, que solo quiere estar acostado y durmiendo en un sillón. Te convencen para que no te lleves a Aceituna, sino que mejor te lleves a Aquiles, el gato. Les haces caso. A la mañana siguiente quieres ir a correr al parque con Aquiles, pero él no quiere salir. Le pones un arnés y lo obligas a acompañarte. Aquiles se petrifica y tú te frustras. ¡¿Por qué no corres, gato flojo?! ¡Ven a hacer ejercicio conmigo! Le das huesos, le avientas la pelota, buscas que socialice con otros perros en el parque... ¡y nada más no lo hace! ¿Qué le pasa a Aquiles? Quieres que el gato se comporte como perro cuando ¡ES UN GATO!

Mana, dirás: «Ay, ¿quién haría eso? ¡Exageraste, Romis!». Pero cuento esta bonita metáfora porque conozco a *alguien muy cercana a mí* que era así. No advertía la realidad, era buenísima para ver lo que quería ver e ignoraba todas las *red flags* cuando conocía a alguien: ooobviamente esa persona era yo. Le echaba la culpa a la mala suerte, a mi celulitis, a que alguna vez me dijeron que yo era muy intensa, y pues las intensas asustan a los hombres. Pensaba que «yo no nací para amar, nadie nació para mí», como cantaba Juan Gabriel.

YA, NETA:

1. Al no saber qué quería, pensaba que todos los hombres que conocía eran *boyfriend material,* aunque tuvieran un problema de adicción al juego y al alcohol (en serio salí con un vato así).
2. Creía que podía cambiar a las personas, o al menos inspirarlas, ¿no? Porque, claro, ¡yo soy la salvadora! ¡TODAS LAS MUJERES LO SOMOS!
3. Intenseaba de más cuando el otro apenas se acababa de enterar de mis apellidos.
4. Hacía toda una película de nuestro romance en la segunda *date* (que tal vez ni era *date*).
5. No le preguntaba al otro qué buscaba en la relación.

6. Consideraba que todas las relaciones que yo tuviera debían tener un grado de romance y amorts.
7. Creía que el sexo debía ser solo con alguien de quien estuviera sumamente enamorada.

¿Te das cuenta de por qué aceptaba lo que me tocara? ¡Porque yo **no sabía que también podía decir que sí y que no**! Desconocía que las mujeres tenemos el mismo derecho a elegir y por eso cometí los mismos errores una y otra vez. Al no conocerme, no tenía idea de lo que quería ni de lo que buscaba. Era como un coctel preparado en una barra libre: adulterada con tanta creencia y paradigma que había absorbido durante toda mi vida.

YA QUE ESTAMOS EN ESAS, ACOMPÁÑAME A VER LA DIFERENCIA ENTRE PARADIGMA Y CREENCIA:

Paradigma: son todas aquellas experiencias, creencias, vivencias y valores externos que son ampliamente reconocidos y repercuten y condicionan el modo en que una persona percibe la realidad y actúa en función de ello. Es decir, un paradigma es lo que aprendemos de afuera porque así «lo ve» la mayoría e influye en la forma en que entendemos el mundo.

Creencia: es una idea que se considera verdadera y a la que se le da completo crédito como cierta. Puede ser aprendida o desarrollada como propia.

¿Y por qué me detengo en esto? Porque todas nuestras creencias y paradigmas son moldeados por nuestra familia, el entorno, el país en el que crecimos, la ciudad donde nacimos, etc. **Son los lentes con los que los seres humanos observamos la vida.** El pedo aquí es que una va por ahí cumpliendo al pie de la letra las reglas de «El libro de la vida» como si fuera la única manera de vivir, cuando en realidad cada una vive y vivirá una experiencia completamente distinta.

AHÍ TE VAN UNOS EJEMPLOS:

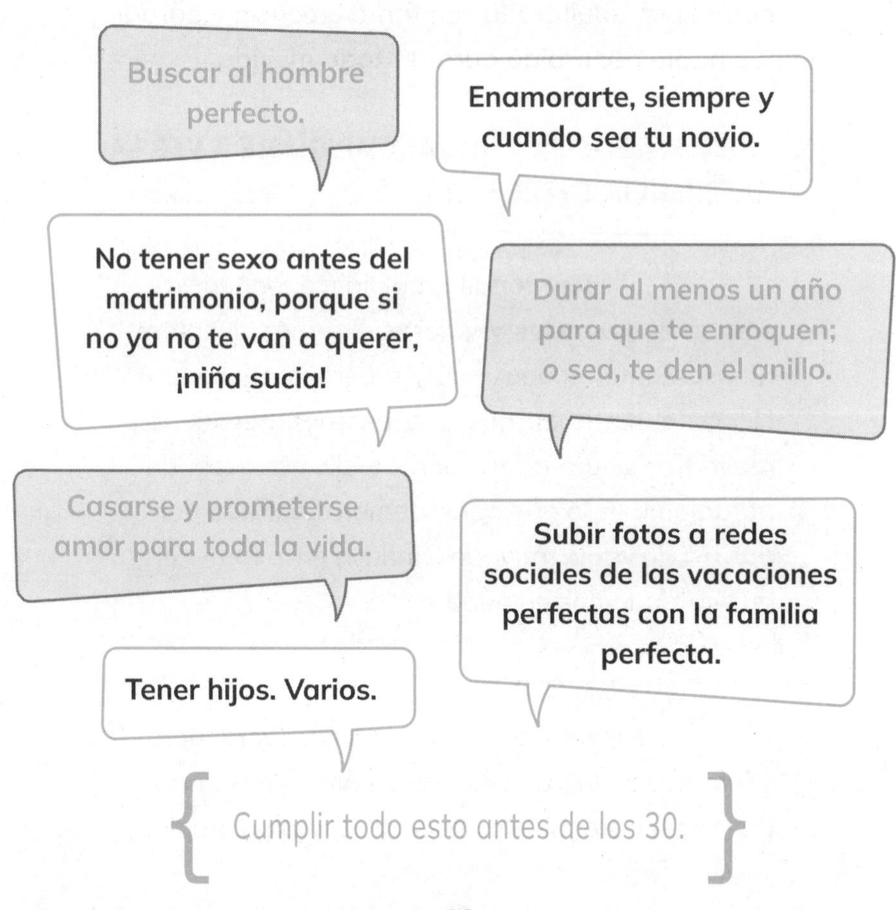

Con tooodo esto en mente, ¿cómo vas a saber quién eres y qué quieres, si estamos llenas de creencias? Por eso, **el primer paso para tener una relación chingona es conocerse a una misma, libre de paradigmas y de creencias huecas.**

HICE ESTA LISTA PARA QUE VAYAS SOLTÁNDOTE
(TOMA LÁPIZ Y PAPEL, Y A TRABAJAR, MIJA):

¿Cómo te describirías en cinco palabras?

___

___

___

¿Qué te gusta hacer en tus ratos libres?

___

___

¿Qué sueños te gustaría cumplir?

___

___

___

¿Qué te hace llorar?

___

___

¿Qué te hace reír?

___

___

¿Qué te da miedo?

¿Qué cualidades buscas en una amistad?

Si pudieras describir tu plan ideal, ¿qué harías? ¿Adónde irías?

Cuando te sientes perdida, ¿a quién recurres?

Sientes celos cuando:

Menciona un error que cometiste y cómo lo solucionaste.

¿A quién admiras y por qué?

____

____

¿Cuáles son esas cualidades que los demás admiran de ti?

____

____

¿Cómo te gustaría ser recordada?

____

____

Ojalá que por responder estas preguntas ya supieras quién eres, qué quieres y hacia dónde vas. No, mana, el camino hacia el autoconocimiento es el pan de cada día, y probablemente esa sea una de las razones principales por las cuales me emociona un montón la vida, y como nada está escrito en piedra, es interesante ver cómo vas cambiando con los años...

Entonces, primero debes saber quién eres, y después **necesitas saber qué buscas, qué quieres, qué te latería encontrar en la otra persona.** Si no tienes idea, aquí te dejo unas opciones:

a) Amistad
b) Relación meramente sexual
c) Noviazgo
d) Llegar al matrimonio
e) No sé, no quiero pensar en eso

Lo que hayas escogido es válido, pero sí es importante tenerlo claro, porque si no namás vas a ir por la vida adoptando gatos, cuando en realidad querías un perro. ¿Ves cómo sí funcionó mi historia del principio?

Ahora, es probable que me digas: «Romis, pero ¿cómo sé qué es lo que quiero?». Como lo mencioné hace un momentito, **es parte de la chamba personal ir descubriéndote.** ¿Cómo? En terapia, talleres, con libros como este, a través de otras personas... Todas las personas que conocemos son nuestro espejo, un reflejo de quienes somos (o de lo que fuimos, si crees en las vidas pasadas). Por ejemplo, yo me quejaba amargamente de toparme con puro confundido, con puro vato que tenía miedo a comprometerse, que tenía miedo de cumplir sus sueños. Y, mientras tanto, yo:

- No sabía quién era.
- Tenía pánico a entregarme en una relación, porque una de mis creencias más fuertes era «todos los hombres son iguales».
- Vivía frustrada al no saber hacia dónde ir a nivel profesional.
- Pensaba que ser vulnerable era sinónimo de debilidad.

¿Ya lo ves?

CONOCERTE BIEN A TI + TENER CLARO LO QUE QUIERES = LA FÓRMULA GANADORA.

Sin embargo, antes de explorar más esa claridad en lo que deseamos, quiero detenerme en la primera parte de la ecuación: el autoconocimiento y el atrevernos a ser y sentir, con todo lo que eso implica.

¡Advertencia!
Nos vamos a poner profundas.

¿De dónde viene el miedo a mostrarnos vulnerables?

Soy una de las personas más sensibles que conozco, y lloro con facilidad; pero por años fui Romi la Roca que no expresaba lo que sentía. Mi primer *breakup* a los 13 años (bebé) me dolió muchísimo, porque me enteré de que mi ex me había pintado el cuerno. Me sentí tan pendeja que dije: «Ni una lágrima para ti, cabrón». A pesar de que ardía en llamas por dentro, porque sí lo quería, no dejé que nadie viera mi dolor. A partir de entonces, yo solita me creé un papel de mujer fuerte, que duró hasta mis veintes, cuando entendí que **ninguna emoción es buena ni mala, simplemente es.**

Se dice que existen alrededor de doscientas emociones; duran noventa segundos en el cuerpo y se dividen en emociones placenteras y emociones no placenteras. Además, mi *coach* Gabo Carrillo, creador del Método Watson, dice que no saber interpretarlas te quita vida, así que...

VEAMOS LA SIGUIENTE **COMPARACIÓN:**

Emociones que dan vida	Emociones que quitan vida
Iluminación	Orgullo
Paz	Ira
Alegría	Deseo
Amor	Miedo
Razón	Sentimiento
Aceptación	Apatía
Voluntad	Culpa
Neutralidad	Vergüenza
Coraje	

Me quiero clavar en esta última, en la vergüenza. De seguro has escuchado hablar de Brené Brown, una profesora e investigadora estadounidense que estudia la valentía, la vergüenza, la empatía y la vulnerabilidad desde hace veinte años (te recomiendo mucho sus TED Talks, sus libros y su especial en Netflix). Lo que ha descubierto me vuela la cabeza: solo para que te des una idea, actualmente en Estados Unidos, los adultos son los más endeudados, con sobrepeso, adictos y medicados en la historia de ese país. Esto no solo aplica ahí, sino en todos lados. ¿La razón? **Hay una vergüenza internalizada y una fuerte sensación de no ser suficientes.**

La vergüenza es lo que no nos permite conectar porque no nos sentimos valiosas. Creemos que hay algo en nosotras que a los demás no les va a gustar, y por eso le tenemos pánico a mostrarnos vulnerables. Sin embargo, la conexión con otro ser humano es lo que le da propósito a nuestra vida. Brené Brown dice: «Invierte en una relación, así termine funcionando o no».

> Si no trabajamos en nuestra vergüenza internalizada, ¿cómo diantres vamos a conectar de manera auténtica con otra persona? **¿Cómo voy a poder expresar mi verdad y lo que quiero, si en mi cabeza (porque ahí está) yo no me reconozco como una mujer valiosa?**

Y ENTONCES **SE FORMA UNA CADENITA:**

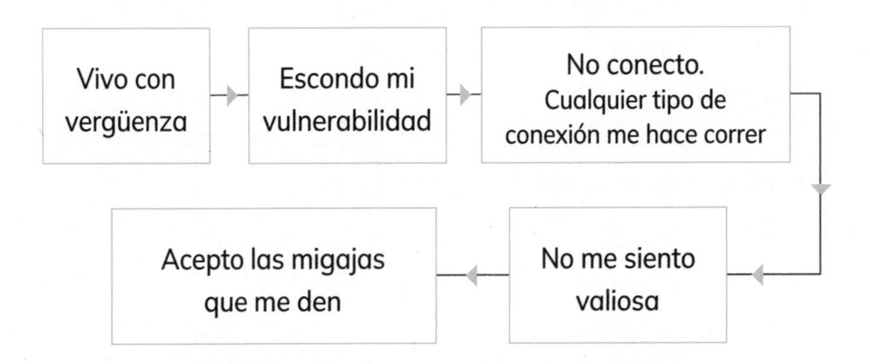

Nos dijeron que había un montón de cosas malas en nosotras y esto nos afectó de distintas formas: desde las ideas que nos hicimos en nuestra cabeza sobre cómo debe lucir el cuerpo perfecto, hasta que debíamos meter en una celda y ponerle candado a nuestras heridas de la infancia. En la escuela nos enseñaron los artículos de la Constitución, cómo hacer ángulos usando un compás y a tocar la flauta (yo nunca aprendí), pero ¡nadie se tomó ni media hora para hablarnos de emociones ni de cómo aprender a distinguirlas!

No te sientas mal, no eres la única persona a la que le dijeron exagerada, intensa o «no es para tanto». Lo bueno es que ahora que ya eres adulta puedes decidir qué hacer con todo eso que sientes. No te estoy diciendo que de la noche a la mañana una se libera de años de vergüenza, no, pero sí es algo que puedes trabajar. **El antídoto para la vergüenza es hablarla. Sacarla de tu cabeza te ayudará a liberarte.** No tienes por qué cargar con miedo, dolor o el sentimiento de no ser suficiente... Mana, no te lo mereces. Y puedes guardarte todas esas emociones, pero la única persona que se hace daño al no confrontarlas eres tú. ¿Por qué te perderías lo más chingón que tenemos, que es conectar con otras personas?

Ya que te animaste a tomar ese riesgo, 'ámonos a ver el meollo de este capítulo: ¿qué quieres?

Y ahora sí, ¿qué es lo que buscas?

Voy a ayudarte a que te des una idea, ¿va? Ya después tú te tomas tu tiempito, te sirves algo de tomar y piensas las opciones.

Opción A: si buscas pasarla suave

Bien podría ser el título de una canción de Karol G *ft.* Ozuna, J Balvin, Bad Bunny, C. Tangana, Maluma, Daddy Yankee... Ya sabes cómo son tus primos reguetoneros, se sube uno a cantar y ahí van todos. El pasarla suave es pasarla bien sin pensar en el mañana, sin tener que andar reportándose, ni tener que asistir al cumpleaños del padrino Coco. **Es puro pedo casual.** Que si te llamo el sábado para vernos el domingo; que si te caigo a tu casa dizque para ver una película, pero al minuto siete ya nos andamos fajoneando en el sillón; que si la química sexual entre los dos está que arde... Gracias, adiós, que te vaya bien, luego nos hablamos (puede ser la siguiente semana o en seis meses).

Esta relación, que en teoría parece ser la más «fácil» porque no implica presentarles el vato a tus papás, negociar Navidad y Año Nuevo, fletarte sus pedos (gases intestinales), de pronto puede ser la más complicada, pues nos da pena aceptar que solo queremos sexo.

Espérate, Romina, cállate los ojos... ¿QUÉ ESTÁS DICIENDO? ¡¿LAS MUJERES TIENEN SEXO POR PLACER?! OMG!!!!!!

Sí, persona del Country Club de Mocholandia. Las mujeres también tenemos nuestra calentura y nos gusta saciarla, y no, **no tenemos que estar perdidamente enamoradas de alguien para darle vuelo a la hilacha y gritar de emoción en cada orgasmo.**

El problema es que hay mucha culpa de por medio porque nos dijeron que éramos unas sucias, zorras, y que, si una va probando penes así namás, nadie se va a querer casar con nosotras porque «estamos más tocadas que "Las mañanitas"».

Si bien los hombres pueden agarrarse con quien se les pegue la gana y todos se lo celebran, las mujeres no tenemos los mismos derechos. Ellos, entre más viejas (como se refieren a las mujeres) tengan, más padrotes, más chingones y más experimentados. Pero una... una debe quedarse en casa, con las piernas cerradas, esperando que algún día, alguien de quien estamos *muy, muy, muy* enamoradas nos haga el dulce amor mientras escuchamos una canción de Luis Miguel. Ah, porque hay de cosas a cosas, y el hacer el amor es SUMAMENTE diferente de coger.

O por lo menos algunas personas piensan eso. ¡Hazme el favor!

El punto es que las ganas ahí están. Claro que quieres tener una aventurilla con ese chavo que, en cuanto ves, te prende (¿sí ubicas esa sensación? ¡Ay, qué padre y qué rico!), pero del dicho al hecho, hay un gran trecho, como diría mi tía Flori. Y le huimos porque:

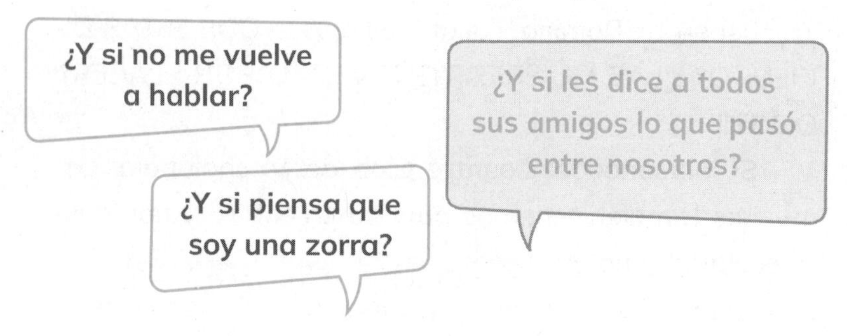

Y entonces, en vez de estar pensando qué bien la vas a pasar, qué posiciones nuevas vas a probar y qué tanga vas a estrenar, comienza la maldita culpa.

Mana, hemos sido reprimidas por siglos. Nos han quitado ese derecho a vivir nuestra sexualidad con plenitud, y por lo mismo yo creo que ya es hora de que, si se te antoja, vas. Eso sí, con completa honestidad, sin expectativas y diciendo tu verdad (en mi pódcast *Sensibles y chingonas* tengo un capítulo buenísimo con la doctora Fabiola Trejo sobre esto, escúchalo, te dejo el QR).

Pódcast *Sensibles y chingonas*

Ahora bien, pasarla suave no necesariamente significa tener sexo con alguien; pueden darse sus arrimones y ya, y, si eso es lo que quieres, unos besitos coquetos y párale de contar, también debes decirlo. Si el otro dijo que okey, lo TIENE QUE RESPETAR. Punto. Y si el otro te quiere obligar, forzar o tratar de convencer de tener sexo, es más que suficiente como para mandarlo a volar. SIEMPRE debe respetar tu palabra. **NO ES NO.**

PERO ¿Y SI ENTRA LA CULPA?

Sí, hija, a todas nos pasa porque, como ya lo mencioné, venimos de un sistema de creencias tan arraigado y tan culposo que, aunque una sea mujer empoderada muslos decididos, sale el «¿por qué lo hice? ¡La cagué!», etc., etc.

Mira, si estabas convencida de que eso era lo que querías en el momento, sea por la razón que sea, ES VÁLIDO, y no, NO PASA NADA. Si le contaste a una de tus amigas y en vez de escucharte te dio un sermón como si la otra fuera doña Casta, te doy chance de decirle: «te cuento porque confío en ti, no porque necesite que me regañes». La función de una amiga es escuchar y dar su opinión cuando se le pidió. Sí, puede opinar, pero solo cuando le abres la puerta y no cuando te sientes del nabo; y si tú eres la que se cree superior a tus amigas, qué hueva. Después ya nadie te va a contar nada por andar de doña Casta (fíjate que me gustó ese apodo).

Entonces, **no te azotes. Si te la pasaste bien, chingón; si no estuvo como pensabas, ni pedo. Así es esto de la relación casual.** Eso sí, siempre, siempre, siempre hay que cuidarse y usar protección (en eso sí seré doña Casta) para evitar infecciones y/o un embarazo no planeado. Sin gorrito no hay fiesta, sin sombrero no monta el vaquero, o como quieras llamarle; pero, por favor, cuida tu cuerpo. Ser mujer sexualmente activa conlleva sus responsabilidades, y cuidarse es parte de esto. Ah, porque esa es otra: nos dijeron que el vato es el único que compra los condones... ¡¿Por?! Si una quiere darle rienda suelta a la pasión, hay que prevenir.

Lo más importante de pasarla suave es divertirse, experimentar, probar cosas nuevas... ¡Ah! Y no tener expectativas, que es esa película dirigida, actuada y producida por ti, y que nadie tiene la obligación de cumplir.

Ahora bien, si la relación se transforma en algo más, felicidades, bien por los dos; pero si ya te estás clavando y el otro no, es mejor poner un freno porque no quieren lo mismo (y no hay que necear).

Opción B: si buscas pareja

Dos cosas:

1. No porque seas mujer independiente, exitosa y *multitask* significa que debes decidir entre tu carrera y una pareja, porque quiero decirte algo: tu trabajo no te abraza en la noche ni te despierta con un «te quiero» en las mañanas.
2. Querer estar en pareja es padrísimo, pero si crees que es la meta final, que el otro tiene la obligación de salvarte, hacerte feliz, o que así todo es más fácil, siento romper tu burbuja, mana querida, pero no es el caso.

Lo primero que quiero que te preguntes es **qué buscas en alguien, qué cualidades te gustaría que tuviera y qué cosas son NO negociables.** Por ejemplo, mi no negociable es que tenga alguna adicción (alcohol, drogas), que sea demasiado fiestero o venga de una familia chorizo, ya sabes, esas familias turbointensas que no se separan (todo okey con que sea familiar, pero no podría con una suegra que viniera diario a mi casa a ver como está su chiquito; señora, su chiquito ya tiene cuarenta y tantos). Okey, me proyecté, pero ya tuve una relación así y fue un infierno. Es por eso que te invito a tenerlo clarísimo.

A mí me ayudó hacer una lista de lo que sí quería y lo que no quería en una pareja. Haz tu lista y escribe TODO lo que quieres, aunque creas que no es para tanto.

Obvio, aunque hagas un ritual con palo santo y cuarzos rosas, no te va a llegar el vato que buscas así de perfecto como tú lo escribiste. También, hija, hay que establecer prioridades, y para mí es mil veces más importante que sea buena persona y que tenga sentido del humor a que se parezca a Bradley Cooper (si tiene los dos, pues nadie se queja, ¿verdad?). No es que una se conforme, pero en mis veintes mi lista incluía cosas como: que no coma carne roja, que le guste la misma música que a mí y que no ande en fachas, cosas con las que hoy podría vivir sin problemas.

TE VOY A COMPARTIR **PARTE DE MI LISTA:**

Lo que busco en una pareja	No negociable
1. Buena persona	1. Adicto a alguna sustancia
2. Sentido del humor	2. Codo
3. Generoso	3. Familia chorizo
4. Trabajador y con metas profesionales	4. Mamón o presumido
5. Romántico	5. Que se tome muy en serio
6. Abierto a la vida y a nuevas experiencias	6. Machista
	7. Homofóbico
	8. Que no le guste viajar

AHORA TE TOCA A TI HACER **LA TUYA:**

Lo que busco en una pareja	No negociable

Te prometo que no es una exageración ni una intensidad. A mí siempre me han funcionado las listas, y ver todo por escrito me da mucha más claridad; así, cuando llegue Sebastián Yatra (es un ejemplo) con su acento colombiano, sus cuadritos y su voz melodiosa a tirarte la onda y a cantarte al oído, pero comportándose como un verdadero cretino, haciendo «chistes» machistas y tratando mal al mesero, podrás decir «no, gracias» o «sí, pero solo nos agarramos y no nos volvemos a ver», ¡AUNQUE SEA SEBASTIÁN YATRA! (Puse este ejemplo más moderno porque mis referencias ya están más señoras y a mí me gustan de que si su Brad Pittt, su Tom Hardy, su Diego

Luna). Tenerlo claro ayuda a que no te conviertas en lo que yo era: una enamorada del amor/porrista fantasiosa. **Hay que aceptar al otro tal cual es y DECIDIR si la personalidad o el carácter de esa persona va contigo o NO porque, amiga, ¡nada es a fuerza!** No porque sea el único vato que quiere contigo tienes que decirle que sí.

Ser honesta contigo y con lo que quieres y buscas tiene recompensas. No va a llegar cuando tú quieras (nada en la vida sucede así, a menos que se trate de algo material y tengas el dinero para comprarlo, o que contrates a un *escort*, aquí nadie juzga), y tienes que ser paciente; pero te prometo que más vale sola, en paz y con un vibrador chingón que aguantando a un güey que no tiene nada que ver contigo.

Yo lo aprendí un poco a la mala porque me aferraba a que funcionara algo que ni en siete años de terapia, trasplante de cerebro y ceremonias de ayahuasca iba a jalar. ¿Para qué forzarlo? No eres compatible con esa persona, ni modo, chin, qué lastima, aprende de esa experiencia y *next!*

Polos opuestos, ¿se atraen?

Este título es bien revista *Tú* (¿te acuerdas de nuestra biblia pubertina? ¡Aww!).

La curiosidad y lo nuevo llaman, y un chingo. Pero **para que de verdad jale en tema relación, sí tienes que compartir los mismos valores y el mismo plan de vida.** Si el otro es un *surfer* hippie nómada y tú una mujer que trabaja en finanzas, ama vivir en la ciudad y ni de pedo te dormirías en una hamaca en la playa, tal vez al principio haya emoción por lo nuevo, pero a la larga ni él tiene que cambiar su estilo de vida, ni tú acostumbrarte a dormir en la arena.

Por eso insisto en que tener claridad es la llave del éxito. ¿Por qué? Porque no te vas a desgastar intentando que algo funcione. Si eres esa señorita financiera dama de ciudad, tener una aventura con el *surfer* está divertido, pero ¡no hay futuro! ¡Y ESTÁ BIEN!

> Lo que quiero dejarte clarísimo es que **ninguna relación es para sufrir**, y si esa persona, quien sea, te está quitando la paz, es momento de decirle adiós.

Opción C: si buscas marido

TE. RELAJAS. UN. CHINGO.

¿Cuál es la prisa por casarse? Vete a las opciones A y B y luego platicamos, ¿va? Y no, no estás muy grande ni se te está yendo el tren, no mames. Te lo digo con amor. <3

Opción D: si no tienes claro qué quieres

También se vale, recuerda que aquí nadie juzga. Lo que puedes hacer es empezar a reflexionar sobre lo que ya no quieres, lo que ya no te funciona. Tal vez encuentres inspiración en relaciones pasadas (*cough*, *cough*, exes patanes) para decir «ya no quiero un vato celoso, posesivo o demandante». Ahí es donde una empieza a hacer cambios y a descubrir hacia dónde ir.

Por eso **es importantísimo saber qué fue lo que no funcionó de las relaciones pasadas y hacer corte de caja para contar ganancias y pérdidas**. ¿Qué me gustaba de aquella persona? ¿En qué chocábamos? ¿Cuándo no pudimos comunicarnos? Si no te tomas el tiempo de analizar por qué no funcionó, vas a ir por la vida cayendo en los brazos del mismo tipo, y es cuando una se empieza a quejar de «ay, siempre me tocan los mismos», «tengo la peor suerte en el amor», «todos son iguales», *bla, bla, bla.*

Recuerda que estamos en el momento justo para cuestionar todo lo que nos dijeron y desaprender lo que creíamos que era estar en una relación. Por eso hay que estar a las vivas cuando conocemos a alguien y empezar a detectar como pastor alemán en aeropuerto todo eso que no queremos. Así tendremos claridad.

Capítulo 2

Focos rojos

Situación: Mi novio me prohíbe salir con amigos, pero me da miedo dejarlo.

Respuesta: Miedo al coco. Miedo a tener de familiar a un político corrupto. Miedo a Maduro, Putin y AMLO juntos. Nadie te puede prohibir nada y menos salir con tus amigos. Eso se llama control y machismo.

¡Ay, los focos rojos! Tan evidentes al voltear atrás, pero tan difíciles de detectar cuando andas en esas. Mana, lo sé mejor que nadie:

Estudié actuación en Nueva York, y en mi segundo año viviendo allá, entré a un Conservatorio llamado The Neighborhood Playhouse. Conocí a Mark en una de esas fiestas de puros alumnos; me llamó la atención porque es altísimo. «¿Cuánto mides?», le pregunté. «Mucho más que tú. Dos metros tres centímetros», respondió. Ya te imaginarás cómo nos veíamos bailando, él con su altura del tamaño de una puerta y yo con mi 1.59 metros, pero me cayó superbien, me pidió mi teléfono y quedamos de ir a tomar un café el lunes siguiente.

La cita fue divertidísima; Mark era gringo, guapo y supercarismático. Salimos otra vez a cenar y lo mismo. Todo iba viento en popa, hasta que un día, saliendo de la escuela, fuimos a un bar con otros amigos del salón. Me tocó sentarme justo enfrente de la televisión, y no sé por qué, pero si tengo una pantalla delante de mí, me hipnotizo. El punto es que saliendo del bar, Mark se puso como loco a gritarme. Le valió queso la gente, él estaba enojadísimo conmigo por algo cuya razón yo no entendía. Además de ser físicamente tres veces más grande que yo, tenía una voz superronca. Nunca nadie me había gritado de esa manera. «¿A quién estabas viendo? ¡No me estabas haciendo caso!». Y por más que trataba de explicarle que se me va la onda si tengo una televisión enfrente, no me escuchaba y me seguía gritando.

Yo estaba hecha un mar de lágrimas, así que saqué mi celular, llamé a Sasa, mi *roommate*, y le conté lo que había pasado. Tomé un taxi, llegué a mi casa y me desahogué con ella. ¿Qué pedo con Mark? ¿Por qué se portó así? **«A la chingada ese güey»**, fue el consejo de Sasa.

Dijeras «ay, Romis, qué bueno que la historia se acaba ahí. Qué bueno que no permitiste que llegara a más». No, mana. Me llamó, me pidió perdón, dijo que se arrepentía de lo que había hecho y que las cosas se habían salido «un poquito de control», y que *sorry, sorry, sorry.* Y yo lo perdoné.

Venía de una serie de relaciones fallidas y estaba lastimada/urgida de tener novio, porque ¡imagínate tener novio en Nueva York! ¡Uy, qué romántico! Además: CHINGUEN A SU MADRE, EXES TONTOS, *I'M BETTER THAN YOU!* Peor combinación: urgidez y ardidez. Por andar necesitada y con baja autoestima, me conseguí un violento. Así que mi relación con Mark fue todo menos romántica:

- Me aplicaba la ley del hielo cada que salía con mis amigas, y como me daba terror que se enojara conmigo, lo más fácil era verlas mientras estaba en la escuela.
- Vivía en una ansiedad constante de que se enojara, porque se enojaba por todo y era superexplosivo. Tenía que pensar todo dos veces, pues tenía miedo de que hubiera pleito.
- Me contaba de su ex cubana que vivía en Miami, de lo guapa que estaba y cómo se habían separado porque él se había venido a Nueva York, y me comparaba con ella todo el maldito tiempo.
- Nunca tenía dinero y a mí me hacía sentir culpable por salir con mis amigas a divertirme.

ESO SÍ, EL SEXO ERA CABRÓN.

Ah, porque, mana, no todo iba a ser una popó, ¡no! Algo bueno había en esa relación y, efectivamente, el sexo era lo que nos unía; yo era una novata en aquello de la pasión sabanística, y como los gringos empiezan a coger a los 13 años, el Mark me llevaba una megaventaja.

Entonces no, no estaba enamorada, estaba enculada, pero el sexo nubla todo, y como yo me compré el discurso de que las relaciones no eran perfectas, que hay algunas cositas que nunca van a ser como tú quieres PERO *hay que echarle ganas,* aguanté y aguanté hasta que llegó la gota que derramó el vaso. Y sí, en efecto, las relaciones no son perfectas; pero hay de conflictos a conflictos, y todo esto que te conté era una bandera roja ondeando. Ahí te va lo que me hizo reaccionar:

Mark se metió a mi celular y a mi computadora a ver «qué se encontraba». Vio unos mails con un amigo de México, los tradujo y me echó en cara que cuándo pensaba decirle que me estaba escribiendo con él. Ninguno de esos mails decía algo comprometedor, solo le contaba cuándo iba a ir a México, qué estaba pasando en mi escuela, etc. Pero el hecho de que fuera de chismoso a mis cosas fue demasiado. Lo confronté, le dije que ya no quería estar con él, que se largara de mi casa y cortamos. Me gritó tan fuerte que pensé que me iba a pegar, y yo estaba con el celular en la mano para llamar al 911. Se fue azotando la puerta de mi departamento, y en ese instante me solté a llorar por horas hecha bolita en mi cama, con miedo a que se fuera a aparecer en mi casa.

Sí, él era un violento, pero yo tenía el autoestima en el piso. Venía de pura relación popó, y no me tomé el tiempo para darme cuenta de qué había hecho mal y no volver a cagarla, para entender que debía hacerme responsable, porque yo también había accedido a ponerme en situaciones donde tenía todas las de perder.

Ese verano me fui de viaje con mi familia y, aunque estaba del otro lado del mundo, me empezaron a entrar ataques de ansiedad porque pensaba que Mark se iba a aparecer en cualquier momento. Sé que se oye muy loco, pero cuando le tienes miedo a alguien crees que te está persiguiendo. Una mañana tuve un ataque de pánico tremendo. Mi hermana Renata, que estaba en el mismo cuarto que yo, lo notó. «¿Qué te pasa? ¿Qué tienes?». En aquel momento no sabía lo que era un ataque de pánico y lo minimicé. Preferí callarlo, pues me sentía una tonta que no podía superar a un ex problemático. ¡¿Cómo yo, Romina, la chingona, que vive en Nueva York y estudia actuación, va a sufrir por un gringo ranchero de Kentucky?! ¡No! Es más, cuando mis amigas me preguntaban por qué había cortado con Mark les mentía y escogía qué partes contar.

Haber estado con mi familia me hizo mucho bien, así que en septiembre regresé al segundo año de mi conservatorio de actuación emocionadísima y sintiendo que, por fin, esos sueños de convertirme en Salma Hayek se estaban haciendo realidad. (Para entrar al segundo año debían mandarte una carta de aceptación, y de los setenta que éramos el primer año, habían hecho un filtro de 28, yo incluída).

Primer día de clases y ahí estaba Mark en mi salón. Sus amigos y mis amigas se encargaron de contarme cuánto había cambiado durante el verano, y sí, se veía muy diferente: le habían salido seis cuadritos y unos brazos llenos de músculo. -_- Se veía más guapo que nunca y, al parecer, *había cambiado...*

Para no hacerte el cuento más largo, en la primera ida al bar con todos los del salón, Mark se acercó a platicar conmigo; me pidió perdón, me explicó que estaba trabajando en sus inseguridades y sus miedos, me dijo que yo era lo máximo, la más guapa, inteligente, *bla, bla, bla,* y que si podíamos ser amigos. Mark era tan carismático y tan inteligente para conseguir lo que quería que me decía lo que mis oídos querían escuchar, y como iba a tener que verlo todo ese año, le dije que okey, seamos *friends*.

Amigos mis polainas. Sabía perfectamente bien qué y cómo me gustaba (a la hora de ya sabes qué). Caí una vez más en sus redes de la pasión y anduvimos, por segunda vez, otros siete meses.

Aunque era cierto que le había bajado cuatro rayas a su carácter horrible y a su obsesión por controlarme, había cosas por las que ni yendo a bailar a Chalma nuestra relación iba a jalar. Así que, al terminar el ciclo escolar, cortamos y esta vez fue definitivo.

Años después, en terapia entendí lo que es una relación tóxica. Diana, mi terapeuta, me explicó que vivir violencia no es solo que te peguen, sino estas acciones que te hacen sentir menos *tooooodo el tiempo.* Criticarte, corregirte, hacerte sentir tonta, eso también es violencia. Mark no era un hombre problemático; era violento, alguien que probablemente pudo haberme pegado. Fui muy afortunada de que eso no pasara, pero si estás en una relación con alguien que se enoja y enfurece, deberías considerarlo. Es peligroso.

En aquel entonces, a mis 21 años, no tenía las herramientas que tengo hoy. Como te dije arriba, era buenísima para ver solo lo que quería ver. Vivía con los lentes de la ilusión, ignorando lo que sentía mi cuerpo, y, como dice mi hermana del alma Renata Roa: «el cuerpo es un chismoso, nos está diciendo TODO el tiempo cómo está la cosa». En el libro *El amor solo llega tres veces,* la autora Kate Rose afirma: «Todas tenemos una voz dentro de nosotras, la cual no es parte del ego, pero está conectada con nuestra alma y nuestro corazón. Es la que guía nuestra intuición y nos comunica nuestras necesidades reales». Sin embargo, a menudo solemos ignorar esa voz.

Y ahí es donde entran las red flags. Si yo le hubiera hecho caso a Sasa (y, claro, a mi voz interior) cuando me dijo que mandara a Mark a la chingada tras la ida al bar con el pedo de la televisión, la mitad de esta historia jamás hubiera pasado...

{ Ya hicimos el ejercicio de saber qué quieres. Ahora vamos a enfocarnos en todo aquello que se presenta cuando conoces a alguien, pero que por andar de enamoradas del amor o por no querer ver la realidad tal cual es, lo ignoramos. }

Macho, macho man: ¿qué tanto es tantito?

El patriarcado es tan inteligente que ha sido parte de nuestras vidas y algunas de nosotras apenas hasta ahorita nos estamos dando cuenta. Al menos yo crecí con harto machismo a mi alrededor y, antes de tener conciencia, lo veía como algo normal; ya sabes, mana, cosas de hombres. «Es que así son». «Es que ya sabes cómo son los hombres, viene en su naturaleza querer agarrarse viejas». «Es que a los hombres mexicanos así los educaron, por eso no mueven un dedo en las labores del hogar». Y pues no nos queda de otra más que aceptarlo, ¿no? #agggggg

Uno de mis libros favoritos y que recomiendo ampliamente es *No son micro: Machismos cotidianos*, de Claudia de la Garza y Eréndira Derbez, donde explican todas esas acciones que vemos como «normales» o «cosas de hombres» y que en realidad son violencia.

SI TODAVÍA NO SABES DE QUÉ HABLO, AQUÍ TE HICE UNA LISTA DE CÓMO IDENTIFICAR A UN VIOLENTO:

1. **Cree que hay cosas de hombres y cosas de mujeres.** Obvio no somos iguales, estamos hechos diferente, pero eso no significa que tenemos que seguir soportando los roles de género que se nos han impuesto por siglos. Ejemplo: porque eres mujer, tú me tienes que hacer el desayuno o planchar mis camisas.

2. **Te aplica la ley del hielo.** Te deja de hablar, no contesta tus mensajes y desaparece. Todo eso para darte una «lección».
3. **Te prohíbe cosas.** Desde ver a tus amigas, tomar tus clases de baile (porque hay hombres que te van a ver en *leggings*), hasta tomarte tus copitas. Es tal su control que te dice que tú no puedes hacer ciertas cosas, y, si las haces, te la arma de pedo.
4. **Te compara con otras mujeres.** Hace comentarios tipo: «¿Ya viste qué cuerpazo se carga Mariana? Deberías de preguntarle cómo le hace para que le digas adiós a esas lonjitas». O te minimiza: «Te quedó bien la pasta, pero a mi mamá le queda espectacular. Deberías decirle que te enseñe. Es la mejor cocinera del planeta Tierra».
5. **Te violenta económicamente.** Controla a través del dinero.
6. **Anda de coqueto, pero te dice que son solo sus amigas.** Hace cosas «buenas» que parecen malas, todo esto con el objetivo de obsesionarte.
7. **Te dice que eres una exagerada o que estás loca cuando expresas lo que sientes.** Como no se hace responsable de sus acciones, te voltea las cosas y te echa la culpa a ti. Esto se llama *gaslighting* y el concepto viene de una película de Ingrid Bergman en la que su coprotagonista le hace creer que está loca. El *gaslighting* es un método de manipulación.
8. **Checa tu celular o tu computadora.** Al ser un inseguro de primera, quiere tener el control absoluto.

9. **Quiere ubicarte TODO el tiempo.** Con quién estás, en dónde, a qué hora regresarás, a qué hora llegas...
10. **Es celoso.** «Si te cela es porque te quiere». *NOT!* Las telenovelas nos hicieron un chingo de daño y los celos no son románticos. No estoy diciéndote que no son humanos porque sí lo son, pero celos extremos de querer controlar dónde estás, con quién, en dónde; desconfiar de ti y de tus amigos, se llama falta de seguridad y baja autoestima. Incluso puede estar celoso de tu familia o de tus amigos.

SI TIENE AUNQUE SEA UNA DE LAS CARACTERÍSTICAS MENCIONADAS, HIJA, ¿PARA QUÉ?

Como ya lo dije: si esa persona te quita tu paz, no necesitas acumular malas experiencias para salirte de ahí. Ni siquiera tienes que llegar al extremo al que yo llegué con el violento de Mark; el mínimo foco rojo es señal para salir de ahí. «La gente no es perfecta». No, no lo es, pero ser imperfecto no te da el permiso de maltratar a la otra persona.

Hablando de perfección, sí: las relaciones no son perfectas porque los seres humanos no somos perfectos, pero una cosa es que tengan problemas por su impuntualidad o porque es un desmadre y deja sus chones tirados en el piso, a que te arme escenas dramáticas de jaloneos y gritos estilo Sebastián Rulli y Angelique Boyer en *Amor imposible* (me inventé el título, pero no chinguen, ya dejen de ponerle a TODAS sus telenovelas «AMOR algo». Ni es amor, ni es original). **En conclusión: estar con alguien no debe ser una tortura, ni algo imposible, ni mucho menos una lucha por estar juntos.**

Está con alguien más, pero me tira la onda

Es que sí, nos vendieron mil y una mamadas de que «el amor» lo puede todo, pero, para empezar: ¿por qué si tiene una relación te tira el pedo? ¿No se te hace raro? ¿O por qué nos creemos tan chingoncitas?

Es ego (la neta) eso de creer que somos mejores que la novia oficial. Que nosotras sí podemos darle eso que la otra no le da. Que nosotras sí somos divertidas/reinas de las sábanas/comprensivas. La realidad es que es puro pedo barato de melodrama de telenovela de las cuatro o canción de Yuri. Y una vez más le voy a echar la culpa al pinche patriarcado, porque nos vendieron la idea de que las mujeres debemos pelearnos entre nosotras para tener al ONVRE y que hay mujeres malas de Malolandia que con sus garras lo atrapan y lo engatuzan. ¡¿POR?!

Primero me pasó con Raúl, un güey con el que tuve un amorío un verano en Puerto Vallarta (tenía novia, me decía «te quiero», nos dábamos nuestros besos, ya te la sabes), y años después, con Nate, un neoyorkino que llegó a mi vida justo después de cortar con Mark, y te voy a contar de él.

Mi amiga Dani me pidió que la acompañara a un bar en el East Village porque Michael, el güey que le gustaba, la había invitado. «Seguro habrá alguien que te guste». Y tuvo razón. Un hombre alto, moreno, con gorra y camisa de cuadros llegó al bar, y en cuanto entró, todos lo saludaron. Todos se emocionaron de verlo, yo incluida. ¿Quién es? ¿Por qué me gusta este güey desde el minuto uno? ¡Es la primera vez que me pasa algo así! ¡El amor a primera vista SÍ EXISTE!

PARÉNTESIS: ya sé, ya sé, una vez que te haces fama de enamorada del amor pierdes credibilidad, pero en serio esta vez sí fue cierto.

Nate no es el típico guapo, pero tiene una personalidad que hace que no puedas dejar de verlo. Lo observaba de lejos y lo vi tanto y por tanto tiempo, que no le quedó más que sonreírme y acercarse a la barra donde estaba sentada junto con uno de sus amigos que me estaba tirando la onda (el amigo era buena onda, pero medio brócoli hervido, o sea, tibio). Empezamos a platicar y dijo en inglés: «Sé muy poco español y no sé qué signifique *mi corazón es tuyo*, ¿puedes decirme?». Cabrón de cabrones. Me conozco a todos los de su tipo: carismático a madres, pero ¿cuándo has conocido a un mujeriego que no sea carismático? Me reí después de su frase chafa de ligue chafa, pero igual supe que había una parte de mi que no quería dejarlo jamás. Hablamos de mí, de México, de que su mamá había ido a Acapulco en los ochenta, que él era de Nueva York, pero vivía en Los Ángeles; que era director, que mi acento era muy sexy, y que cómo le hacía para tener un lunar tan bonito. Yo no paraba de reírme porque, además, tiene un sentido del humor único.

Nos corrieron del bar, Nate paró un taxi en la calle y me dio un beso en el cachete. «Te veo pronto», se despidió.

A la mañana siguiente yo no podía de la emoción. Les conté a mis *roommates* Ais y Sasa sobre Nate y les dije: «Qué mala onda que conocí al amor de mi vida a los 23 años, pero estoy dispuesta a estar con él. ¡Ya viví lo que tenía que vivir!».

Paréntesis: ¡AY, QUÉ OSO, ROMINA! ¡Qué histriónica! (Por algo quise ser actriz).

Ese verano estaba haciendo una obra llamada *North Shore Fish*, y a mi amiga Dani se le ocurrió llevar a Michael (su galán) y a Nate a verme. Me felicitó, nos subimos a un taxi y nos fuimos a un bar llamado APT. Nate me invitaba *drinks*, bailábamos en medio de la pista y me contó que acababa de terminar una relación de siete años con su novia que vivía en Los Ángeles. «Es probable que regrese a vivir a Nueva York, solo tengo que empacar y venirme para acá».

Así que mientras escuchaba «Paper Planes» de M.I.A. y me moría de calor, me imaginaba mi vida al lado de Nate, comprando una casa juntos, usando *outfits* poderosos de Soho para el *brunch* del domingo y adoptando un perrito. Y eso que llevaba conociéndolo: ¡menos de una semana! ¡GOAO!

Esa noche nos dimos un beso y sentí que todo se me movió. «Me gustas muchísimo», me decía, y yo derretida por dentro.

NATE REGRESÓ A LOS ÁNGELES.
TAMBIÉN REGRESÓ CON SU EX.

Al menos tuvo los huevos de decirme la verdad. «No es tan fácil separarme, ella está pasando por una depresión, no la quiero lastimar. Si te sirve de consuelo, ya no tenemos sexo». (Eso último sobró porque igual él y yo no habíamos tenido sexo, pero AOC, luego la gente suelta información innecesaria).

Me quedé con la ilusión de estar con alguien que me gustaba un chingo. Y ni pedo, tuve que empezar a hacerme la idea de que esa película que me armé tal vez nunca sucedería.

«An old flame never dies», o sea, «Una llama antigua jamás muere»; era algo que Nate siempre me decía. Que por más novios que yo tuviera, SIEMPRE habría algo especial entre nosotros. Cada vez que Nate iba a Nueva York me buscaba, y yo lo veía porque sí, tenía novia, pero era muy feliz con él aunque me diera tres minutos de atención. «¡No hay una mujer más guapa que tú!». «Por ti voy a aprender español y me voy a mudar a Nueva York». «¿Qué van a decir tus papás cuando me conozcan?».

Nunca dudé que le gustara, el problema era que decía unas cosas pero hacía otras. Y de ahí viene el pedo y un GRAN foco rojo:

> Si habla y te echa choros mareadores para convencerte, para conquistarte y para llamar tu atención, PERO sus acciones dicen lo contrario, ese vato es un chorero y tal vez le gustes, pero **de ahí no va a pasar.**

Por eso, en cuanto veas que el audio no checa con el casete (como dice mi Reno Roa), tendrás una gran señal de que te emocionarás al principio, pero después habrá harta frustración.

Ser *la otra* no está chingón

¿Por qué te pondrías en una situación donde tienes 98% de probabilidades de salir lastimada? Sí, puede ser que él corte con su novia y ustedes sean felices, pero bien dice un proverbio turco: «Si la relación empieza con mentiras, mentiras habrá durante toda la relación». No es cierto, me lo inventé, pero ¿por qué te gustaría andar con un vato que no sabe lo que quiere? ¿Qué tiene de atractiva una persona indecisa? Te voy a decir la respuesta: NADA.

Con Raúl y con Nate me sentía importante por el hecho de que alguien que llevaba tanto tiempo con su novia me buscara, porque ¡obvio soy mejor que ella! Era un tema de autoestima, yo me quería y me respetaba tan poquito que ese tipo de incentivos me daban para arriba. Hoy lo veo de una manera totalmente diferente. ¿Me arrepiento? Jamás. De verdad agradezco lo que viví porque sé que hoy nunca me pondría en una situación similar. La Romina de veintitantos no tenía las herramientas para identificar este tipo de choros. No podría haber dicho: «¿qué haces buscándome si tienes novia? Corta con ella y después vemos».

En mi #LunesDeConcierge (el día que me hacen preguntas en mi Instagram) siempre hay una pregunta, que es: ¿cómo le hago para que la pinche vieja deje en paz a mi güey? Como si la mujer hubiera seducido al pobrecito del novio/esposo y él, como es hombre y no se puede contener, cayó rendido. También me dicen «somos mujeres, hay que respetarnos las unas a las otras» y sí, no hagas lo que no quieres que te hagan; pero, **más allá de ver por el otro o por la otra, se trata de ver por UNA MISMA.** En *Lo sensibles no nos quita lo chingonas* lo digo: si fueras la persona que más se ama en el mundo, ¿qué harías? Te pregunto: ¿dejarías que alguien te hiciera chiquita? ¿Aguantarías que te negaran y te dejaran en segundo lugar? ¿Estarías OKEY con que te dieran lo mínimo de atención?

Claro, en esas «relaciones» yo tenía unos problemas de autoestima tremendos y, como te dije antes, con lo que me dieran yo estaba feliz, porque no me amaba y no me respetaba. Hoy, que me pongo como prioridad y me amo un montón, jamás me pondría en una situación en la que supiera que es bastante probable que me den en la madre. Aclaro: va más allá de la novia/esposa oficial, es POR MÍ, porque ya no me quiero meter en problemas de a gratis y porque no me interesa tener una relación en la que tenga que rogar por atención ni donde haya secretos. Sé que el tema de lo prohibido suena tentador al principio, pero sostener una mentira por tanto tiempo llega a desgastar tu energía.

Quiero aclarar también que va más allá de lo que está socialmente bien y mal; se trata de respetarte y de saber que, **para ti, tú debes ser la persona más importante en el mundo. Siempre.**

De eso se trata este libro, de que nos convirtamos en detectives para que, ante cualquier signo de violencia o maltrato, digamos adiós.

Capítulo 3

Ya lo pasado, pasado, no me interesa...

Bien cantaba nuestro José José *aka* el Príncipe de la Canción que «todo quedó en el ayer, ya olvidé». *Congrats,* tío Pepe Pepe (un beso al cielo), pero suena más sencillo de lo que realmente es.

Claro, no todas las rupturas son trágicas. Al contrario, a veces, como ya se veía venir que la relación nada más no iba a jalar, cuando sucede te quitas un peso de encima y experimentas la verdadera libertad. ¡POR FIN! Así vemos a nuestra amiwi Lauris bien contentota, radiante.

Yo: Mana, ¿qué te hiciste?
Lauris: Nada.

Yo: ¿Botox? ¿*Fillers*? ¿Reto intensivo de Sersana?
Lauris: Corté con Toño.
Yo: ¡Ah, pos claro!

Y la Lauris anda pasándosela a todo dar, de pata de perro (como diría mi tía Flori), de tertulia en tertulia, de coctel en coctel. Lauris ya estaba hasta el copete del pelmazo de Toño y ahora está gozosa *se avienta confeti*.

Bravo por Lauris, ¡era lo que ella quería! Pero cambiemos los papeles. ¿Qué pasa cuando la Lauris está enamoradísima del Toño, tiene mil planes con él, lo ama y adora, y él un día se da cuenta de que ya no quiere seguir en la relación?

¡*AUCH*! ¡ESO DUELE!

Duele como si te pegaras siete veces en el dedo chiquito contra la pata de la cama porque:

1. Quieres a la otra persona.
2. Ya te veías con esa persona en un futuro.
3. No es lo que tú querías.
4. Duele en el ego que te manden a volar.
5. Cortar es horrible.

En la última nos vamos a enfocar. **Cortar cuando no lo veías venir, además de megadoloroso, es rarísimo.** No entiendes qué pasó, y si la otra persona no tuvo la decencia (esa es la palabra) de decirte las razones por las cuales ya no quería seguir contigo, una se puede volver loca. En serio. Duele más el silencio que la verdad.

En 2014 me rompieron el corazón. Okey, no me lo rompieron a propósito; yo solita (una vez más) me había hecho una película de amorts entre esta persona y yo; le veía cualidades que no tenía y, pues, me di en la madre. Duró poco, pero fue intensísimo, desde el día uno yo ya pensaba que ahí me quedaría y que era el amor de mi vida (ay, Romina, ¿qué pasó ahí, mija?). Todo fue miel sobre hojuelas los primeros seis meses, pero desde el principio hubo *red flags* que yo decidí ignorar:

1. Le encantaba la fiesta. El 97% de las veces que salíamos, terminábamos la velada a las siete de la mañana.
2. No tenía trabajo y se le notaba bastante relajado al respecto.
3. No tenía metas, solo quería echar desmadre, y ya tenía 37 años.

AUNQUE VI ESAS COSAS, NO ME IMPORTARON PORQUE *PENSÉ QUE CAMBIARÍA...*

Cuando empecé a salir con este chavoseñor llamado Bernardo, recién arrancaba mi primer emprendimiento; me estaba yendo muy bien y también estaba trabajando mucho en mí (terapias, etc.). **Y ¿qué pasa cuando te quitas los lentes de la ilusión? Que por más que quieras hacerte güey ya no se puede, y todo se convierte en una bomba de tiempo.** Todo eso que me gustaba de él me empezó a molestar, y simplemente, aunque había amor de por medio, queríamos cosas diferentes. Ya veía venir que no había mucho futuro, empezando porque a mi papá le caía mal. Muy mal, de hecho. Pero ahí seguía...

Duramos ocho meses y, de pronto, Bernardo empezó a comportarse raro. Ya no lo veía interesado y, cuando le pregunté qué pasaba, me dijo que estaba perdido, que no sabía lo que quería, que necesitaba estar solo... Recuerdo haber estado sentada del otro lado de la mesa en el restaurante y sentir que el mundo se me venía encima. ¡¿Cómo?! ¡Si hace dos semanas decíamos que nos amábamos! ¡Si teníamos tantos planes juntos! ¡Él y yo éramos el uno para el otro! (¿O no?). Por otro lado, me daba gusto que se diera cuenta de que había algo en él que debía cambiar, y si para estar mejor debía cortar conmigo, adelante.

Me acompañó de regreso a mi oficina y ahí, en mi escritorio, me solté a berrear. «¿Qué pasó?», me preguntó Juan Pablo Jim, mi exsocio. Le conté que había cortado con Bernardo y que estaba destruida.

Esa es la palabra. Así me sentía. Me dormía llorando y amanecía llorando. Bajé de peso, todos me decían que me veía espectacular, pero yo sentía un vacío que no podía explicar. Al mismo tiempo, fue la mejor oportunidad para entender qué había estado haciendo mal en mis relaciones. ¿Qué tenía Bernardo en común con mis últimos exes? (Recuerda que antes yo andaba con uno, cortaba, y a las dos semanas empezaba a salir con uno nuevo). Todos tenían algo en común: estaban atorados y yo era la porrista, la que veía el potencial en ellos.

{ ¿Ves cómo tu pareja es tu espejo? }

Había estado igual de atorada y tampoco veía mi potencial, pero ahora estaba arrancando *Púrpura*, mi primer proyecto digital. Era un minibebé y yo estaba clara en que ya no iba a dejar que ninguna relación se convirtiera en una carga. Esta vez debía enfrentarme a todo aquello que me daba miedo, incluyendo **conocerme sin pareja.**

Obvio da miedo porque, como ya te conté antes, me programaron para que creyera que la felicidad se basaba en estar con alguien más, en que alguien me escogiera como su novia/esposa/madre de sus hijos. Y eso está sumamente jodido porque NADIE me enseñó a amarme a tal grado que el otro sea la cereza de mi pastel. No la base, sino un extra.

Por meses viví con el corazón roto: sin ganas de conocer gente, no me interesaba ligar. Y por primera vez me dejé sentir todo lo que esa experiencia me había provocado. Me sentía de la turbochingada, pero me permití sentir esa tristeza, enojo, coraje...

A Bernardo se le olvidó eso de «querer estar solo» porque, a las dos semanas de cortar conmigo, empezó una relación. «¿Ya viste las fotos que subió tu ex a Instagram?», me preguntó Renata, mi hermana. Empecé a temblar. Tomé su celular y vi las imágenes. Bernardo y su novia felices sobre Reforma en bicicleta, sonriendo. Ella guapísima y él también. Yo seguía llorando por todo lo que se me había roto, pero él ya estaba bien, enamorado (o al menos eso parecía). Había encontrado eso que le hacía falta.

En ese momento tuve dos opciones:

a) Negar que me importaba y, una vez más, hacerme la fuerte.
b) Dejar que la ardidez recorriera cada uno de los rincones de mi cuerpo y expresar lo que sentía.

Opté por la segunda opción y me solté a llorar por enésima vez con mi hermana. Renata solo me decía «lo siento mucho, gordita» y me abrazaba. También me dio diarrea (*sorry* que lo cuente, pero el cuerpo saca sus corajes de formas inesperadas). Pero no sabes lo bien que me hizo platicarlo con mi hermana. **Sacar lo que sientes, sin miedo a que te juzguen y te regañen te ayuda a sanar.**

Además, esas imágenes de él con ella sonriendo eran lo que necesitaba para que mi ilusión de que *tal vez volveríamos, tal vez regresaría,* o mi idealización de que él quería ser mejor persona, *bla, bla, bla,* no eran ciertas. O tal vez me dijo la verdad, pero la realidad es que él ya no era parte de mi vida y yo ya no podía gastar un minuto más pensando en lo que fue.

¿Por qué nos encanta vivir en el pasado?

No sé cómo funcione en otros países, pero las mexicanas somos bien románticas, enamoradas del amor, y por eso las canciones de amor/desamor nos pegan en el alma. («Cómo te va mi amor» de Pandora siempre será de mis favoritas; yo quiero ser la cuarta Pandora, por fa). Y sí, esas rolas son padrísimas para cantarlas e interpretarlas en una noche de cubas y karaoke, pero en la realidad hablan de que estás viviendo en el pasado y, ¿qué crees?

EL PASADO NO EXISTE

Nos lo dicen todo el tiempo: aquí y ahora, vive el hoy, solo el presente existe, etc., típicas frases de Pinterest. Nos fascina decirlas, postearlas, pero no las interiorizamos y, peor aún, vivimos con la esperanza (como yo en su momento) de que el pasado no se haya cerrado por completo, de que esa persona a la que tanto amamos regrese un día a decirnos que nos ama y que quiere intentarlo otra vez.

Mira, tal vez sí. Tal vez esa persona pasó por un proceso personal y de pronto se dio cuenta de que, en efecto, ¡quiere volver! Como canta el buen Juanes: «Volverte a ver es todo lo que quiero hacer». Si es así, yo te recomendaría que hablaran de qué quiere cada uno, qué esperan de esta nueva etapa de la relación y llegaran a nuevos acuerdos. **Recuerda: las acciones dicen más que las palabras.** Si dice algo, pero hace una cosa diferente, significa que es puro choro y que todo va a seguir igual. Ahí tú sabrás qué tanto vale la pena seguir en esa relación, porque puedes esperar una eternidad a que cambie, pero, mija, ¿para qué?

> Esperar es vivir en la ilusión, es no aceptar tu realidad; en cambio, **vivir en el presente es la única forma de vivir en conciencia.** ¿Qué no queremos crecer, evolucionar y ser mejores todos los días? ¡Claro que sí!

El amor a veces no es suficiente. Sé que nos vendieron la idea de que el amor todo lo puede, pero no es verdad. El amor es solo un porcentaje de este pastel del amorts, donde el plan de vida, el compromiso, la química sexual, la lealtad, el cumplimiento de acuerdos (eso sonó como a político) son también parte fundamental para que una relación jale.

Ya me desvié un poco del tema, pero evalúa qué tanto vale la pena gastar tu energía pensando en lo que fue y en lo que pudiste haber hecho mejor. La realidad es que todo lo que suceda en tu vida es perfecto. Son esas experiencias las que te harán crecer y evolucionar. Así que no, no pudiste haberlo hecho mejor y no, no pudiste haber evitado que te mandaran al carajo. Recuerda que lo que decide el otro es su pedo y no es personal. Hiciste lo que sabías con las herramientas que tenías.

Si enfocamos nuestra energía en el ayer, va a ser difícil que llegue alguien nuevo porque la energía está atorada. No, no me estoy pasando de tuluminatti. ¿Cómo quieres que llegue alguien nuevo si te la vives pensando en tu ex? De nada sirve lamentarte, darle tres mil vueltas a lo que pudiste haber hecho mejor, hay que aceptar lo que pasó y agradecer en amor.

Adiós y gracias

A Bernardo le agradezco un montón de cosas. Genuinamente creo que vino a enseñarme un chingo: a no poner expectativas, a querer a las personas por lo que son y a decirles adiós en amor. Con él tuve la oportunidad de despedirme y, aunque me dolió hasta lo más profundo, lo hice. Pero muchas veces las relaciones se terminan sin que tengamos la oportunidad de decir media palabra, ya sea porque la otra persona nos ghostea o porque se enojó, o por lo que sea. Y esa necesidad de verlo cara a cara y decirle lo que sentimos es importante.

El pedo es cuando el otro no está interesado. Amiga, *I got you*. Ahí te va un ejercicio buenísimo para estos casos:

Gaby Pérez Islas, tanatóloga, autora de libros que te cambian la vida y amiga mía, recomienda escribir una carta. No se la darás, pero te servirá como terapia para expresar y sacar todo eso que traes dentro. Después, la quemas y haces una pequeña meditación.

Aunque estés ardida (o ardidísima, como yo lo estuve), agradece lo bueno y lo no tan bueno, porque gracias a lo no tan bueno puedes darte cuenta de lo que quieres para la próxima.

RESPÓNDETE CON HONESTIDAD:

- ¿Qué quieres?
- ¿Qué buscas?
- ¿Qué te gustaría tener en una pareja?

- ¿Has pensado cómo te gustaría que fuera esa persona?
- ¿Y si mejor, en vez de seguir atrapada en el ayer, empiezas a crear a esa persona que te gustaría conocer?

Nosotras somos creadoras de nuestra realidad, así que ¡cómo shingados no vamos a crear a nuestra pareja! ¡Manos a la obra, que esa lista no se va a escribir sola! Es momento de llenarla de cosas nuevas, de cualidades que no habíamos pensado en nuestras relaciones anteriores. Es momento de darle la bienvenida a alguien nuevo, y que ese alguien también esté dispuesto a conocerte.

¡Puro aire fresco! *¡Wohoo!*

Cuando conoces a alguien que está traumado con su ex

Solo de haber escrito esa frase me quedé un poquito dormida...

Ya, ya me despabilé. Okey, ¿en qué estábamos? ¡Ah, sí! ¡Qué perra flojera! Además, por más que quieras que el otro reaccione y se dé cuenta, pues va a estar canijo. Y **pretender que jale una relación cuando uno de los dos está en el pasado, va a estar complicado.**

En ese caso es mejor darle las gracias. No coinciden los tiempos y no quieren cosas similares, así que, ¿para qué? *Ciao*, adiós, *bye, bye, bye* (como cantaría NSYNC), no gastes tu tiempo tratando de convencerlo porque una no tiene que rogar por atención.

El proceso del otro es su problema y tú no tienes que ser la terapeuta ni la mejor amiga. Que el otro vaya a sacar sus traumas (pequeños o grandes) con alguien más. Cada quien está en su proceso personal y qué huevis chutarte la sanación de alguien que NO ES TU AMIGO, ¡ES TU LIGUE!

No, no te sientas culpable; no, no eres una maldita, pero un problema grave que cometemos es hacernos las buena onda y las lindas para que el otro lo aprecie. Al otro le vale madres y no va a verte como pareja, sino como amiwi.

¡ALV! **O SEA:** ¡A LA VIDA! ¡A LA VIDA PRESENTE!

No vas a competir con nadie y menos con la ex. Si te late el vato, dile que qué mal *timing* y que, cuando arregle sus temitas, te busque.

Y si tú eres la que namás no supera al ex, ahí te va tu tarea: toma una hoja, llena esta planilla y repítela cuantas veces sea necesario. Es neta.

No voy a buscar a mi ex. No voy a buscar a mi ex. No voy a... ____________________

____

____

____

____

¿Y si estuvo casado?

Fíjate que en este campo de los *divorcees* no tengo experiencia, pero sí tengo varias amigas que han salido o se han casado con divorciados. Lo que sí sé es que hay un estigma alrededor de estos chavos/señores divorciados; es como si te dijeran que tu amiga está saliendo con un criminal famoso buscado por la DEA.

Okey, exageré, pero necesitaba poner un ejemplo así de extremo porque sí juzgan un chingo a la amiga que quiere salir con el divorciado y al divorciado.

Si tú eres la que se trae sus ondas con el *divorcee*, primero necesitas tomar en cuenta que **debe haber honestidad para saber en qué te estás metiendo.** A veces nos da penita porque no vaya el otro a creer que somos unas intensas. Mejor intensa y tener la respuesta que ir con la duda de qué pex con la ex (nuevo libro de Yordi Rosado). No tienes que entrar en detalles, simplemente pregunta:

- ¿Cuándo te separaste?
- ¿Estás divorciado?
- ¿Llevas la fiesta en paz?
- ¿Tienes hijos?

No significa ser chismosa, simplemente es saber en dónde estás parada para que tú decidas si le entras o no. Si tiene mil pedos con la ex, si los unen hijos, todo es un caos... Mira, yo no te voy a decir qué hacer o no hacer; solo ten presente que hay pleito de por medio y que su energía estará dividida.

Una vez más, cada caso es diferente; pero hay que ser honestas con nosotras y con la otra persona y no querer entrarle a una relación para CAMBIAR AL OTRO o para quejarse con que «pinche ex» o «ya no aguanto al escuincle». *Sorry*, hija, desde el minuto uno se te dijo que venía con un pasado y ese pasado son la ex y el/los chamaco/chamacos.

TODO ESTÁ EN LA COMUNICACIÓN
Y EN CONFIAR EN LA OTRA PERSONA.

Si te dice una cosa, pero hace otra, aquí es donde una empieza a dudar. Pero si la otra persona se ve comprometida y te lo demuestra, no hay por qué desconfiar. Si no te ha dado motivos ¿por qué te sentirías insegura?

Parecería ideal que nuestras parejas hubieran vivido en una montaña sin internet donde jamás conocieron mujeres para que SEAMOS LA ÚNICA EN SU VIDA. Se escucha romanticón que tú seas aquella mujer que le hace conocer el amor, pero la realidad es que ¡no manches la flojera, compañera! Si ya estás entrada en los treinta y sales con un vato que no ha tenido NI UNA NOVIA, NI UNA RELACIÓN, está raro. O era monje tibetano o padrecito legionario (nada más menciono el tema legionario y me dan ñáñaras; pero mira, es un traumita personal). Necesitas que el otro viva sus experiencias para que llegue más despiertito a conocerte. **De los tropezones y la experiencia se aprende y por eso hay que agradecerles a los exes.**

Las y los divorciados tienen derecho a continuar con su vida, y que su matrimonio no haya prosperado no significa absolutamente nada. Todes merecen una segunda y hasta una tercera oportunidad, y qué chingón que la gente divorciada no se cierre a las posibilidades. Jamás hay que asumir que solo porque es divorciado ya no se va a querer casar otra vez o ya no querrá tener hijos. Cualquier duda que tengas: pregunta, no asumas.

¿Cómo cerrar el ciclo?

Nunca he entendido la necesidad de ser amiwi de tu ex, al menos no después de que recién cortaste. Cero me hubiera interesado que Bernardo me contara de su nueva novia. Eso me parece raro y me hace sospechar que no se quiere soltar al otro. Al menos a mí nunca me ha funcionado y tampoco me interesa.

Otra cosa que no entiendo es por qué me gustaría ver lo que hace mi ex en redes sociales. «Va a pensar que soy una ardida si le doy *unfollow*». ¡Que piense lo que quiera! ¡Me da igual! Se me hace dañino andar de *stalker*, viendo qué hace o qué no, revisando las cuentas de sus amigos... Cuando corto con alguien también corto con sus amigos, *sorry*! No me interesa ver ni sus fiestas, ni sus viajes a la playa, ¡nada! Y así, no sabiendo nada de la otra persona es como realmente puedes empezar a sanar, porque tu energía ya no está enfocada en el otro, sino en ti.

Cerrar ciclos es sano. Ayuda a despedirse del otro. Es aceptar la realidad.

Seguir entre que sí y entre que no con alguien solo hace que la relación se debilite, se confunda y se vuelva codependiente. Si esa persona y tú fueran el uno para el otro, ¡estarían juntos y no habría tanto pedo! Y si hay pedos de esos que por más que hablan no se solucionan, nunca jamás habrá paz y armonía.

Tú decides cuándo decirle adiós y gracias a esa persona que en su momento fue increíble, pero ya no lo es. *«Pero, Romina, no es tan fácil».* ¡Pues obvio no! Cuesta un ovario y la mitad del otro, pero tienes que ver por ti y por tu salud mental y por no estar atorada en la esperanza o en lo que puede ser pero HOY NO ES. Vivir romantizando e idealizando a tu ex es una pérdida de tiempo. Es no aceptar tu principio de realidad. Y déjame decirte que el tiempo que pierdes pensando en lo maravilloso que es, ¡nunca te lo van a regresar!

> No hay nada más maravilloso que voltear atrás, ver a tu ex y decir: «Te quise un chingo, **gracias por todo; pero hoy estoy mejor sin ti**».

Aferrarse no va a hacer que regrese el otro y ni modo, en esto de las relaciones no siempre salen las cosas como una quiere, pero es parte de la vida y hay que aprender también de esas situaciones. Está en ti verlo de esa manera.

Capítulo 4

Ligue: diversión sí, expectativas, jamás

Tal vez este sea uno de mis capítulos favoritos. *Tal vez, tal vez,* como cantarían las niñas Jeans. En mis años de soltería me encantaba eso del ligue, del que si tú, que si yo, que si me coqueteas y yo te sonrío, etc. A mí, si me gustaba alguien, aunque me diera pena (porque sí, me chiveo cuando me gusta alguien), le entraba al coqueteo de miradas, de que si el mensajito, el emoji... Ya sabes, lo que una hace cuando anda en el estira y afloja.

Todo el tema del ligue debería ser algo sencillo y natural, pero a los seres humanos nos encanta complicarnos la existencia, hacernos películas en nuestra cabeza, y como nos da pánico el rechazo o mostrarnos vulnerables, algo que tendría que ser divertido se convierte en un conflicto existencial.

Cuando tenía 13 años y ya estaba entrando en la etapa de «me gustan los chavos», mi tía Chapis me dijo que las mujeres nunca de los jamases podían estarle hablando a los hombres, y que el mushasho debía hacer toda la chamba de la conquista. Crecí pensando que así era, y que si alguien me gustaba pues me tenía que esperar a que mágicamente me hablara a mi casa y me invitara a salir. Parece que fue ayer cuando los hombres tenían los huevos de hablar a tu teléfono fijo, que les contestara tu papá y le dijeran (nerviosos): «Buenas noches, señor, ¿me podría comunicar con Romina?»; esos tiempos en que no había redes sociales y la única cosa similar era algo que se llamaba ICQ, un sistema de mensajería en el que tu nombre de usuario era algo rarísimo como SDHHDJID2W8798239W. Épocas de oro durante las cuales no había forma de saber dónde estaba el que te gustaba, a menos que esa persona te lo dijera o fueras amiga de los amigos. ¡Todo un misterio, amiga!

Pero regresando al tema de quién se liga a quién, en México nos dijeron que el hombre debe cortejar a la dama, que la dama debe hacerse del rogar, decir que no (que en realidad es un sí) para que el hombre haga su luchita y, después de varios rechazos e insistencias, la dama acceda a salir; pero, ojo, al hombre le costará tiempo, dinero y esfuerzo. ¡Si no es tan fácil! Las fáciles no, a ellas nadie las quiere, no se dan a respetar (uno de mis términos favoritos). Una DAMA debe dejar claro que sí está interesada en el caballero, pero que no es el único, y el hombre deberá hacer todo, hasta irse a parar afuera de su casa sin que ella sepa (¡¡¡sorpresas románticas!!!) para que la dama sepa que él es un caballero serio. (Esto último se veía en aquel entonces como algo lindo, pero hoy sabemos que, a menos que ya estén saliendo, aparecerse afuera de la casa sin previo aviso aplica como acoso).

No era de chavitas bien tomar la iniciativa. Yo me quedaba fantaseando con que mi vecino Fer y yo tendríamos un romance, pero no fue hasta que un día en casa de mi primo Daniel, quien era amigo de Fer, en modo broma, empezó a molestarme. «Te gusta Fer, ¿verdad?», me preguntó. Creo que esperaba que le dijera «Ay, no, ¿cómo crees? Solo tengo 13 años y él 15 y va en secundaria», pero le solté un rotundo «Sí, y dile que se aplique». No sé de dónde me salió la valentía pubertina para aceptar que me gustaba un chico, ¡uuuuuuuuuh!

PERO ES QUE, SI UNA NO HACE SU CHAMBITA, ESTÁ CAÑÓN QUE LA PERSONA SE ENTERE, MIJA.

Fer se me declaró en uno de los jardines de mi privada y fuimos muy felices por varios meses. Celebrábamos nuestro aniversario mes con mes y algunos de los regalos que le di fueron los siguientes:

- Un pez beta en una botella de Absolut Vodka (maltrato animal).
- Un cactus, en la maceta venía una carta escrita por mí.
- Una foto mía en un portarretratos de repujado hecho por mí.

- Una carta en una funda de almohada que apestaba a mi perfume.
- Un frasco de mi perfume vacío.

Sé que las pubertas de hoy mandan *nudes* a sus novios, pero en aquel entonces éramos más ñoñas y hacíamos ¡manualidades! ¡Ternusssssss!

Mi relación con Fer no prosperó porque entré a la secundaria y me sentía muy madura y lista para conocer a más hombres de preparatoria. Siempre le guardaré cariño en mi corazón porque era un tipazo y me hacía reír un montón. Él fue mi primer novio, y a partir de ahí, ¡ay, hija! Tuve un montón de novios, pero también novios que no debieron ser novios, aquellos que solo debieron ser amoríos o agarrones. ¿Por qué a todos les quería poner un título? ¡Porque una mujer no puede ir por la vida besuqueándose con los que le gusten! ¡NI QUE FUERA HOMBRE! La neta yo era una combinación entre ser una enamorada del amor + intensa + caldufa. (¡Ups! Le voy a arrancar esta página al libro que le regale a mi papá).

Fuera de choro, lo que me aplaudo es que siempre he sido esa persona que está abierta a conocer gente nueva, y eso es padrísimo, porque si no, ¿de dónde una saca a su galán?

Help!
¿Dónde conozco gente?

Para empezar con la energía correcta, hay que quitarnos de la cabeza lo siguiente:

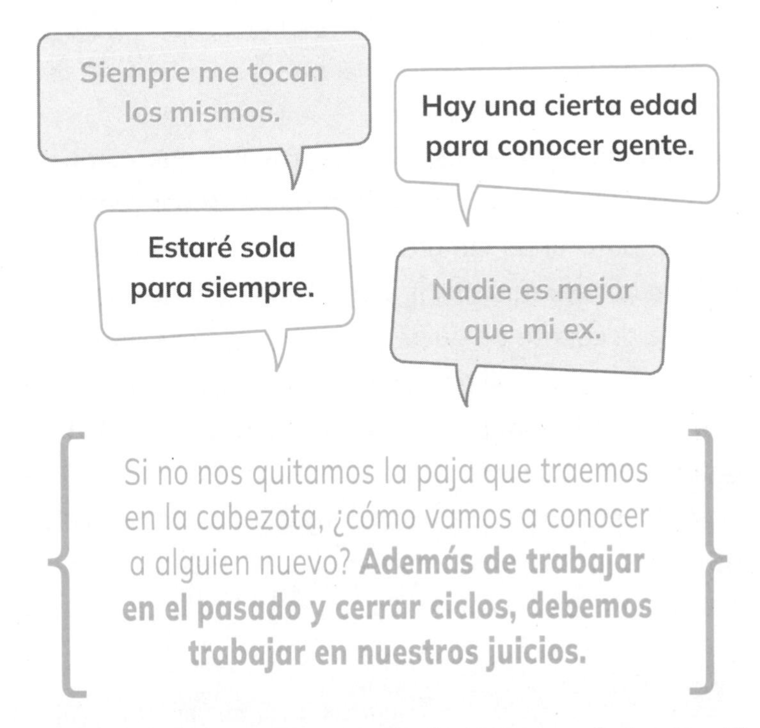

Si no nos quitamos la paja que traemos en la cabezota, ¿cómo vamos a conocer a alguien nuevo? **Además de trabajar en el pasado y cerrar ciclos, debemos trabajar en nuestros juicios.**

En su curso sobre el Método Watson, Gabo Carrillo explica que los juicios son opiniones, interpretaciones o la evaluación sobre nuestra realidad, y cada una de nosotras los crea a partir de su observador, es decir, de los lentes con los que vemos la vida. El tema es que tratamos a los juicios como afirmaciones, o sea, «lo que yo digo/pienso es verdadero». Y entonces hacemos un combo matador:

JUICIO + AFIRMACIÓN = CONDENA

Ejemplo 1: todos los hombres menores de 26 años solo quieren sexo.
Ejemplo 2: una mujer soltera es lo peor que le puede pasar a la sociedad.
Ejemplo 3: una llega a cierta edad en la que es imposible conocer gente.

Yo tenía todos esos juicios. Pensaba que estar soltera era sinónimo de quedada o que el amor romántico era solo para unas cuantas personas. Cuando me eché un clavado a ver mis juicios y pude entender de dónde venían, me di cuenta de que eso que decía, esas afirmaciones, no eran más que consecuencia de mi observador. ¡No tenía evidencia alguna para generalizar que TODOS los hombres eran iguales!

Aprovechando que ya andamos en estas, te invito a que hagas una lista de esos juicios que te están frenando para conocer a alguien nuevo:

1. ______________________
   ____
2. ______________________
   ____
3. ______________________
   ____
4. ______________________
   ____
5. ______________________
   ____

¿Cómo te sentiste al escribirlos? Ahora que tienes esta lista, podrás entender de dónde vienen esos juicios o quién fue la persona que te los inculcó. Ojo, tampoco vayas a mentarle la madre y a decirle: «¡Te odio, por eso no encuentro pareja! ¡Por lo que me dijiste!». El objetivo es que entiendas que se trata de un juicio heredado y que empieces a trabajarlo; así, cuando tu voz del mal llegue a querer arruinarte la vida, sabrás cuál es su origen. La buena noticia es que los juicios cambian.

Dicho eso, vayamos al tema de este apartado: ¿dónde conocer gente?

MIS CONSEJOS SON LOS SIGUIENTES:

a) **Ábrete a nuevos círculos sociales.** Sé que es incómodo ir a una reunión donde solo conoces a una persona (la que te invitó), pero es una gran oportunidad de platicar y ampliar tu círculo social. Tal vez no haya nadie ahí con quien tengas química, pero al menos harás nuevas amistades.

b) **Si viste a alguien en redes sociales y te latió, encuentra la manera de conectar con él.** No de manera *stalker*, dándole *likes* a lo güey, sino *informándote* (¡ja!) si tienen amigos en común. A partir de ahí puedes preguntar si el otro tiene compromiso y ¡listo!

c) **Te invito a que te quites el juicio de que conocer a alguien a través de una aplicación es de *losers*.** A mí se me hace más triste la persona que no es proactiva y se queda esperando a que le lleguen las cosas.

EN RESUMEN: NECESITAS APERTURA Y ESTAR DISPUESTA A CONOCER Y A SALIR CON GENTE NUEVA.

Si solo te la vives con tus amigas de la prepa, por supuesto que llegará un punto en el que se agoten los recursos, por eso es importante hacer nuevos amigos. Tomar clases de algo, pertenecer a un club de lectura o incluso ir al parque con tu perro te llevará a conocer todo un mundo de personas. Ojo, tampoco te estoy diciendo que vayas por la vida diciendo: «¡Hola! Soy Romina, tengo 36 años y estoy soltera». ¡No, mana! Pero en esos grupos es donde una platica, sale con sus compañeritos y entabla conversaciones.

Este consejo aplica no solo para los temas de soltería, sino para la vida en general: si no te abres al mundo y a conocer a gente nueva, te estás perdiendo de un montón. Y te juro que la vida es bien mágica porque te pone a las personas que necesitas conocer, y TODAS las personas que conozcas vienen a enseñarte algo, algo que te hará crecer o que vendrá a reafirmar lo que ya no quieres.

Obvio, hay una parte romántica en pensar que conoceremos al amor de nuestra vida de casualidad, caminando por Central Park; él con un perrito, tú con una bolsa de *shopping*, y ¡pum! Chocan, te invita un *drink* y se enamoran. Aunque sería una anécdota para contarle a tus sobrinos o a tus nietos, la realidad es que las historias de amor suceden de las maneras más inesperadas y, en muchísimos casos (como en el mío, ya llegaremos a eso), de formas torpes y cero románticas. ¿Sabes por qué? Porque la vida no es una película de Hollywood donde hay música de fondo y sabes qué decir y el otro también. **Somos humanos, no somos perfectos, *and that's ok!***

Ahora, ¿qué hay de las apps de ligue?

Neta, neta, neta, no entiendo por qué a la gente le da pena decir que conoció a alguien a través de una *app* de ligue. ¡Qué fortuna que podamos contemplar un abanico de opciones y no quedarnos con Santi, nuestro novio de segundo de secundaria, como única opción!

Hay unas *apps* más seguras que otras, pero **mi recomendación para abrir un perfil es la siguiente:**

1. Sube diferentes fotos donde solo salgas tú (sin lentes de sol).
2. Pon fotos que reflejen tu personalidad.
3. Checa perfiles que tengan verificada su cuenta, esto significa que la *app* les hizo un reconocimiento facial, así que no te va a salir con la sorpresa de que no es el de la foto. #catfish
4. No tengas miedo de poner lo que piensas acerca de temas religiosos, políticos, o si te choca que la gente fume.

Esto último me da un poco de risa porque Sasa, mi ex *roommate* de Nueva York y *bestie*, escribió en su perfil en Bumble que no estaba dispuesta a salir con alguien si había votado por Trump, si era antivacunas, si no creía en la ciencia o si era racista. «¿Me vi muy intensa por ponerlo en mi perfil?», me preguntó. A ver, si ya sabes lo que quieres, mejor que de una vez te ahorren la salida. Por eso **hay que tener bien presentes nuestros no negociables** (como que crean en teorías de conspiración tipo QAnon).

Lo más importante en el mundo de las *apps* de *dating* es que te diviertas. En general así debe ser, pero se nos olvida. Eso sí: ante todo, cuídate. Por muy guapísimo hermoso *look* de actor de telenovela Diego Boneta *look alike* que sea, no lo conoces. Me dicen que a veces me paso de desconfiada, y pues sí, prefiero ser precavida porque ¡no conoces a la persona!

#ROMITIPS DE SEGURIDAD:

- Programa la cita en un lugar con mucha gente.
- Compártele a tus amigas la foto de perfil del vato.
- Comparte tu ubicación con tus amigas/familia.
- Solo si te vibra deja que te regrese a tu casa.
- Si no te vibra, vete de ahí y punto. No le debes nada a nadie.
- Tú estás primero que NADIE.

Está chafísima ponerte semiparanoica, pero mira, mana, es mejor. Mejor cuidarnos y no confiar en cualquiera.

First dates

Quiero contarte de la peor *date* que he tenido en mi vida:

Había un señor al que llamaremos Gerardo. Me seguía en Instagram y un día me escribió. Me cayó bien, vi que teníamos amigos en común, así que cuando me invitó a salir le dije que sí. Era divorciado y con hijos, pero dije: «No pierdes nada, ve a cenar con él».

¡No sabes la pesadilla!

Para comenzar, el 'ñor era muy mamón. Empezó por corregirme una palabra que dije en inglés, luego le habló mal al mesero (le tronó los dedos y todo el pedo), y la gota que derramó el vaso: estaba fumando, apagó su cigarro y puso el cenicero en la mesa de los de al lado, que era una mesa bastante larga, ¡pero había gente ahí cenando! ¡Y le valió gorro! Para cerrar con broche de oro, porque no se podía poner mejor, insistió en regresarme a mi casa. La neta me hubiera levantado de la mesa en el momento en el que me corrigió el cretino, pero no lo hice, y cuando me iba a bajar del coche se me quedó viendo y me dijo: «Tranquila, no te voy a dar un beso». ¡Obvio no quería ni medio beso de ese mal educado inseguro! #guácala

Le dije que no quería volver a verlo y lo bloqueé de todos lados porque me estaba stalkeando, hasta me trajo un ramo enorme de flores a mi casa. Desde esa vez dije: no más, no quiero que sepan dónde vivo porque no quiero andar lidiando con güeyes intensos que no entienden cuando les dices que NO (este tema lo veremos más adelante).

Ese *date* fue de terror y lo mandé a turbocagar a la primera porque sus faltas de respeto me sobrepasaron. No tengo el mínimo interés de conocer a una persona grosera y patana. Sin embargo, sí creo que **las primeras dates no siempre son las mejores porque:**

- Estás nerviosa.
- Hay expectativas de por medio.
- No conoces a la otra persona.
- Hay presión (si es que alguien los presentó).
- Tienes que medirle el agua a los camotes, o sea, andar tanteando al otro.

A menos que te haya sucedido algo terrorífico como lo que a mí me pasó, considero que **las personas merecen segundas y hasta terceras oportunidades;** y no, no es necedad.

AHORA QUIERO CONTARTE CÓMO CONOCÍ A MI NOVIO JUAN:

Mi amiga Erica Sánchez estaba muy preocupada por mí y por mi estatus sentimental. «¡Quiero presentarte a alguien!», me decía. En aquel entonces estaba harta de conocer gente, y dos semanas antes de conocer a Juan, hablé con Diana, mi terapeuta: «Ya me cansé de ser esa soltera que se queja de que está soltera cuando la neta soy feliz sola». Haber llegado a esa conclusión ¡me costó muchísimo! Pero lo decía en serio. Estaba en paz conmigo y, desde 2014, cuando tuve el *breakup* con Bernardo que me rompió en cachitos (como ya te conté), dije «No más, me toca aprender a ser mi propia pareja».

Así que cuando Erica me dijo que quería presentarme a Juan porque «¡es el amor de tu vida!» (así lo afirmó, háganme el favor), pensé: «A Erica ya se le fue el pedo, pero va. Voy a ir a cenar a su casa el sábado solo porque está muy emocionada de que nos conozcamos».

Siempre hay un tema con el «¿qué me pongo?». Yo tenía mi uniforme de *date*. Si era de noche, jeans negros, *t-shirt* negra, chamarra de piel negra y botita de tacón leve (porque odio los tacones altos). Eso me puse, me maquillé leve y llegué un poquito tarde. Unos 15 minutos después de la hora a la que me citaron.

Erica abrió la puerta, estaba emocionadísima: «Mira, te presento a Juan». Estábamos ahí un amigo de Erica, Juan y yo, un estilo de *double date*, ¿así o más incómodo?

Como yo venía con la mentalidad de que iba a ser soltera para siempre, no quería impresionar a Juan, no quería gustarle, me valía gorro, así que me solté en la cena a ser yo y a Juan le parecía muy gracioso todo lo que decía. Menos mal, tiene sentido del humor. El amigo de Erica era bastante mamador y Juan y Erica le debatían, así que yo estaba muy entretenida. Otra cosa que me llamó la atención de Juan, además de su sentido del humor, era que cada que se me acababa mi cerveza, me preguntaba si quería algo de tomar. No era su casa, pero se me hizo supereducado. Me cayó muy bien y esa noche me dio aventón a mi casa. Como yo ya venía con mis cervecitas encima (soy de dos copitas, disculpa) no me paraba la boca durante el trayecto. Me bajé del coche y pensé: «Qué oso, Romina».

A la mañana siguiente, 10:25 a. m., recibo un mensaje de Erica diciendo: «¡Le encantaste a Juan! ¿Le puedo pasar tu teléfono?». A las 10:40 a. m. me llega un *whatsapp*:

«Hola, Romi, ¿cómo estás? Soy Juan, no sé si te acuerdas de mí, nos conocimos ayer en casa de Erica».

«¿Es chiste? ¡¿Cómo no me voy a acordar de ti si éramos cuatro personas?!». Pero me dio entre risa y ternura y me cayó muy bien. Así pues, quedamos en que cuando yo regresara de mi viaje (porque me iba a los dos días) saldríamos.

Como yo andaba en el *mood* de «me vale madres, yo voy a estar sola», cero lo buscaba. Durante ese viaje, en el que fui con mi amigo y mánager Chava, hablábamos de Productor (o sea Juan). «Le tienes que hablar a Productor cuando regreses». Y yo: «Él ya sabe cuándo regreso. Si le interesa, que me busque».

No me estaba haciendo la del rogar, pero ya estaba harta de ser la intensa buscando al güey. Además, estaba pasándomela poca madre en Barcelona y no le iba a escribir. ¿Para? Eso ya no era opción para mí porque ya no estaba desesperada, y la desesperación se huele a kilómetros, como perro antidrogas en el aeropuerto. **Confié. Por primera vez lo solté, y cuando regresé a México**

ahí estaba Juan Productor buscándome e invitándome a salir.

TE CUENTO TODO ESTE CHORO PORQUE LO QUE LEERÁS A CONTINUACIÓN NO ES NADA ROMÁNTICO:

Juan y yo quedamos de vernos un sábado a las ocho en un sushi de la Condesa, una zona *cool* de la CDMX donde vive la gente *cool* (como yo). Obvio estaba nerviosa, pero una vez más pensé: «No tengo nada que perder». Recuerdo perfecto que Juan traía una camisa blanca de manga corta y le vi la piel, sus pecas y sus pelitos en el pecho, y dije: «Okey, okey, okey... qué *hot*». (Como ves, me fijo en cosas raras, y la piel es una de ellas). Además, tiene una sonrisa perfecta y unos ojitos hermosos azules. *(Espérate, Romina, estás contando la parte donde apenas lo conoces, no cuando ya lo ves con ojos de amor*).

La plática de huevos, Juan me preguntaba a qué me dedicaba porque no tenía idea de qué hacía yo. «¿Cómo? ¿Subes fotos a redes sociales y te pagan?». Eso también estuvo padre, que no supiera nada de mí, ni que hubiera leído mis blogs (de la que me salvé). Juan tenía 39 años en aquel entonces, pero parecía que había vivido en una montaña sin señal porque no sabía que hay personas cuya profesión es ser *youtuber, blogger* o *instagrammer*, lo cual fue gracioso. Pedimos dos botellitas de sake, chelas, él pagó la cena (yo soy de la idea de que te invite para lo que le alcance en la primera cita, pero si eres de las que se ofende, también lo respeto), y de ahí nos fuimos a un bar donde propuse pagar los *drinks*. Mucho jijijajajá y, de pronto, que Juan se pone pálido color transparente, y yo: «¿Estás bien?». Según yo, no habíamos tomado tanto, entonces ¿qué pasó? Juan estaba bien bebido y pasado de alcohol. Solo pensé: «Ay, no, tan bien que iba y ahora resulta que es un hasta el huevo». Porque, como bien lo sabes, en mis NO NEGOCIABLES incluyo el ser adicto a alguna sustancia, incluyendo el alcohol.

Yo me tenía que despertar temprano al día siguiente porque tenía una carrera, y le pedí que me acompañara a mi casa. ¡Qué lástima que fuera un borracho! Definitivamente no iba a volver a salir con él.

Al día siguiente, después de mi carrera, mi amigo Rodrigo me dijo que fuéramos a la terraza del restaurante del Museo Tamayo. Nos sentamos en la mesa y vi que Juan me llamaba. «Obvio no le voy a contestar, le mando mensaje después».

AQUÍ VIENE LA PARTE DIVERTIDA DE ESTA HISTORIA: **LA VERSIÓN DE JUAN**

Juan se levantó con la peor cruda, diciendo que era un tarado porque se puso hasta las chanclas. Le llamó a su amiga Andrea y se quedaron de ver, ¿dónde crees? Claro que sí, ¡en el restaurante del Museo Tamayo! Hay como un millón de restaurantes en la CDMX, pero ese domingo fuimos al mismo. Juan, con michelada en mano para curarse la cruda, comenzó a relatarle a Andrea la *date* de la noche anterior y cómo la regó, cuánto le gustaba yo, y de pronto soltó: «Romina está llegando al restaurante... ¡y con otro güey!».

Como él estaba dentro y yo en la terraza, me llamó, observó como yo miré mi celular y no contesté.

—Ya valió madres, no quiere hablar conmigo —dijo Juan.

—Cuando se pare al baño, la saludas —lo consolaba Andrea.

El tema es que nunca me paré al baño y nunca supe que él estaba ahí, sino hasta horas después que leí en WhatsApp: «Estoy en el mismo restaurante que tú». Le respondí: «¿Y por qué no te acercaste a saludarme?».

Me volvió a buscar, me invitó a salir por segunda vez, y ahí me di cuenta de que me caía muy bien y que fluía bien padre la conversación entre ambos. Juan no me atosigaba, pero estaba presente con mensajes durante la semana. A la tercera *date*, cuando fuimos al cine, y antes de que nos diéramos la mano por primera vez (aww, mis vidos), le pregunté si era un borracho, y si sí, que me lo dijera porque yo no estaba dispuesta a salir con alguien muy fiestero. «Estaba muy nervioso, se me fue de las manos, te pido una disculpa por el papelón. Sí tuve mi etapa fiestera, pero estoy a nada de cumplir 40 años y ya soy un señor que se duerme a las diez y medita en las mañanas», me respondió.

Le creí y sí, cuatro años después puedo decirte que sí es un abuelito igual que yo y que, aunque nos gusta la copita moderada, no es esa persona que hace el oso cuando chupa, ni tiene un problema con el alcohol.

Te cuento mi historia porque a veces esperamos que la primera *date* sea perfecta, y sí, también he tenido esas primeras citas megarrománticas, pero **a veces también**

alguien la caga, por lo que juzgar y decidir el futuro de una relación por un solo error me parece muy injusto. Digo, a menos que haya sucedido algo como lo que te conté del señor patanazo, vale la pena darte la oportunidad de conocer a la otra persona en diferentes ambientes. Ya te platiqué que en mi primera *date* con Juan sí había alcohol, pero ni en la segunda ni en la tercera chupamos, así que pude darme cuenta de qué onda con él y cómo era. Si solo sales con alguien en puro plan fiesta, está difícil saber cómo es esa persona sin más gente y sin alcohol.

> **Lo más, más, más importante es que te seas fiel a ti,** a lo que tú quieres y respetes tu decisión, y que si alguien no te late le digas que NO.

Dile que no, que en realidad es un sí. ¡¿Por?!

Recuerdo que en primero de secundaria había un niño que se llamaba Manuel y yo le gustaba. Le gustaba en serio. Le gustaba tanto que una vez dije en clase de audiovisual que me gustaban las ranas y llegó al día siguiente con una rana albina y me la dejó en mi escritorio. Yo no quería con él, pero como nunca se me ha dado ser mamona ni grosera, los demás niños de mi salón le alimentaban la fantasía de que podía tener oportunidad conmigo.

Como éramos los más chicos de la secundaria y de la preparatoria, me importaba un montón la vida social, conocer a los de las otras generaciones, etc. Llegó el 14 de febrero; en mi escuela organizaban una celebración en el auditorio donde TODES los alumnos de secundaria y prepa nos reuníamos y los de sexto de prepa preparaban actividades ridículas, como que pasaran varias parejitas al escenario y concursaran para ver quién era la pareja que más se conocía, o le daban el micrófono a alguien para que le declarara su amor al que le gustaba. Ese tipo de tonterías (gracias porque no había celulares ni redes sociales). El punto es que ese Día de San Valentín llegué a la escuela y varios de mis compañeros del salón se asomaron por el balcón y gritaron: «¡Ahí viene!». Yo no sabía qué estaba pasando, pero entré al salón y en mi lugar había globos, regalos, una tarjeta, un peluche... Eran regalos de Manuel, y la tarjeta decía: «¡ME GUSTAS!». (Gracias, no me había dado cuenta... Nocierto). Le di las gracias amablemente y de pronto, Pepe, otro niño de mi salón y por el cual pasé Matemáticas ese año (me dejaba copiar sus exámenes), me advirtió: «Manuel se te va a declarar hoy en el festejo de San Valentín». Pensé que era broma porque NADIE se te declara sin haber entablado una relación más allá de: «¿Me prestas una pluma?», «¿Qué dejó de tarea Miss Marlene?» (mi *miss* fav), o «¿Sabes en qué días cae el puente?».

La noticia de Pepe me dejó en angustia absoluta, eran las siete de la mañana y el festejo era hasta las 12. Faltaban horas y, mientras tanto, mis amigas me tranquilizaban porque pensaban que Pepe solo estaba molestando.

El festejo de San Valentín fue muy divertido, aunque angustiante, porque yo no sabía si lo que había dicho Pepe era broma o en verdad Manuel se iba a atrever a pararse delante de TODA la escuela para preguntarme si quería ser su novia. «Obvio no, ¿quién haría algo así? Qué oso», dijo mi amiga Jimena. Faltaban pocos minutos para que terminara la celebración, cuando de pronto escucho: «Ahora, el momento más esperado de la tarde. Por favor, Manuel Torres, pasa al frente».

No estás entendiendo mi nivel de estrés. No, no, no, por favor, no. «Romina Sacre, ¿dónde estás?». Por supuesto que no me quería levantar de mi asiento. Quería desaparecer en ese momento, pero me paré en el escenario.

—Manuel, ¿qué tienes que decirle a Romina?

—Romina, ¿quieres ser mi novia?

No podía creerlo. No. ¡¿Por qué me hacía eso?! ¿Por qué me obligaba a tomar una decisión delante de todos? Escuchaba gritos: «¡Dile que sí!». Otros: «¡Dile que no!». Me sentía en el *talk show* de Cristina Saralegui.

—Te digo al rato —respondí.

—¡NO! ¡NO! ¡NO! —gritaba la gente.

—Romina, tienes que tomar una decisión en este momento. Manuel, creo que debes hacerlo más romántico.

Manuel se arrodilló delante de mí.

—Sé mi novia.

Los gritos seguían. Yo no entendía qué estaba pasando. Me sudaban las manos, pero dije:

—No.

Abucheos. Gente burlándose de Manuel. Lo volteé a ver y le murmuré un «perdón». Me fui a mi lugar, donde mis amigas no entendían qué estaba pasando y solo le susurré a Jimena: «Vamos al baño, ¡ya!».

Gracias a ese evento, me volví conocida en la escuela. Algunos incluso llegaron a decirme que qué mala onda era por haberle dicho que no. Que le hubiera dicho que sí en el escenario y después lo hubiera cortado. ¿Esa era su solución buen pedo?

Te cuento esta historia no para hacerme la muy muy, sino porque por mucho tiempo pensé que había sido yo la mala onda, que fui culpable de que bullearan a Manuel (lo molestaban tanto que se cambió de escuela al terminar el año). Después de haberlo platicado con mis papás, quienes no podían de la risa (no porque se burlaran, sino porque no podían creer que se me hubieran declarado enfrente de tanta gente), mi mamá me aseguró: «Dijiste la verdad y él se hizo ilusiones solito. Tú no tuviste la culpa. Lo bueno es que ya todos saben tu nombre en la escuela».

Mi mamá tenía razón. El problema real estaba en el significado del NO, en que algunos hombres insisten e insisten cuando ya se les dijo que NO. Y no, compa, no es romántico. **NO ES NO. Y si ya te dije que NO, entonces deja de buscarme y respétame.** Si ese vato no respeta tu decisión, ¡imagínate lo que te espera con un cabrón así! Un güey al que no le puedes poner límites porque se tiene que hacer lo que él quiere. Que va a hacer berrinches y te va a echar la culpa de todo.

Ya para cerrar mi momento vergonzoso de secundaria, yo no decidí ponerme en esa situación. Él lo decidió por sus huevos. Estábamos muy chavitos, pero me sorprende que haya personas que sigan creyendo que por hacerlo público o sorpresivo la otra persona va a acceder. Creo que todo se vuelve muy egoísta en insistir hasta que «me haga caso», como si la persona fuera un niño chiquito berrinchudo que *tiene que* conseguir lo que quiere. Sí, haz todo lo que esté en tu poder para conocer a esa persona, pero para empezar **el interés DEBE SER MUTUO.**

Esto no significa que los dos deban estar igual de enamorados desde el principio o que ambos se encuentren en el mismo nivel de atracción, porque me ha pasado que a mí me encantaba un güey, yo a él le gustaba (normal), pero después de conocernos mejor los dos nos encantamos. #YES! Pero si uno quiere y el otro nada más no, ¿qué haces ahí? Debe existir al menos un sí de «vamos a ver qué onda», o sea interés, apertura, ganas, como le quieras llamar.

> Si la otra persona no te busca, no responde tus mensajes, no hace el esfuerzo y tú todo lo contrario, es que **no quieren lo mismo, ¡y está bien!**

SI NO HACE TODO LO ANTERIOR
Y TÚ PIENSAS QUE ES PORQUE:

- Está superocupado.
- Te está dando tu espacio.
- No quiere verse intenso.

Sorry que te lo diga, pero más bien creo que te estás ideando una telenovela en la cabeza. ¿Por qué? Porque alguien, por más ocupado que esté, tiene tiempo de mandarte aunque sea un emoji y decirte: «Ando en llamas, pero te escribo al rato». O «Voy a estar en chinga toda esta semana, pero te llamo el jueves para vernos el fin», y así tú sabes que el jueves te va a buscar y no andas con ansiedad domingo, lunes, martes, miércoles y jueves.

¿CÓMO SABER SI LE GUSTAS?

- Te busca.
- Te escribe.
- Te pregunta cosas de ti.
- Se hace presente.
- **Sus palabras concuerdan con sus acciones.**

Esa última, *mai frends*, es la señal MÁS importante, porque si solo habla, habla y habla es puro mito, ¿y para qué quieres a alguien que no sabe lo que quiere?

Bueno, y ¿quién busca a quién?

Debo confesar que mi opinión sobre este tema ha cambiado, sobre todo los últimos tres años. Yo era esa persona que decía: «Vas, amiga, ¡vas! ¡Haz la chamba!». Hoy creo que **hay que sembrar la semilla, pero dejar que el chaval haga parte de la chamba.**

¡¿CÓMO?! ¡¿QUÉ ESTÁS DICIENDO?! FAKEMINIST!

Probablemente yo sea una de las personas más intensas que conozco. No me da pena decir lo que pienso, lo que siento, y hay pocas cosas que me dan oso (como que alguien vea cómo me estaciono). Soy directa y no tengo miedo al qué va a pasar y si quiero algo voy y lo consigo.

Esa misma intensidad que aplicaba en mi vida la ponía en mis relaciones, y obviamente a varios se les hacía *too much* y, pues, terminaba valiendo queso.

Como ya lo aclaré al principio, todo lo que lees aquí se basa en mi experiencia, y lo que yo he vivido es que hay pocos hombres tan seguros de sí mismos que pueden con una mujer independiente y directa. Y no, no es culpa de las mujeres, sino de los hombres que no han evolucionado y se han quedado en lo mismo de hace ochenta años (me la volé, no tengo las cifras exactas), mientras que en las mujeres cambió la educación, las oportunidades, etc. Varios hombres de mi generación fueron educados casi-casi de la misma forma que sus papás, por lo que esperan mujeres como sus mamás: calladas, sumisas y que viven para servirle al hombre. OJO, no tengo pedo con que vivas para servirle a tu señor, pero somos varias las que no queremos eso.

De ahí viene el «¿por qué asusto a los hombres?». Una vez le pregunté eso a mi papá. Se me quedó viendo con cara de «¿de qué estás hablando?» y me respondió: «Porque eres muy chingona».

Debo admitir que me dio gusto escuchar a la Albóndiga (como yo le digo) diciéndome eso, pero al mismo tiempo me dio un poco de coraje. ¿Ser chingona es algo negativo o está peleado con querer encontrar una pareja? ¿Por qué si soy tan chingona no hay un solo güey que diga «WOW de mujer»? Y lo más importante: **¿por qué tengo que bajarle cuatro rayas a mi chingonería para gustarle a alguien?**

Y por eso, hay harta mujer haciéndose chiquita, quedándose callada o ______________________________

____

(tú completa la frase) para gustarle a alguien.

Poco después de eso leí *Not Your Mother's Rules,* un libro que explica cómo conseguir al hombre de tu vida, y yo no sé si sea pedo o qué, pero después de que lo leí conocí a Juan, mi novio. Ese libro está dedicado a quienes ya quieren una relación en serio; afirma que hasta que no estés saliendo con ese güey, tú como mujer no lo vas a buscar porque los hombres por naturaleza son cazadores y a ellos les gusta conquistar. Obvio cuando lo leí dije «qué ridiculez», pero decidí ponerlo en práctica.

Para mi buena suerte y para poner a prueba *The Rules*, en aquel entonces había un chavo que me tiraba la onda (no era Juan), que no vivía en la Ciudad de México y me escribía y me decía que le gustaba. *The Rules* dice que, si te escribe el chavo, no le puedes responder luego luego, sino 15 minutos después, y que el segundo mensaje debe ser para decirle: «Estoy muy ocupada, luego hablamos». ¡Ay, qué exageración! ¿Qué pasa si sí quiero hablar con él? La respuesta es: que te invite a salir.

Hay un chingomadral de güeyes que solo te escriben porque están aburridos. #auch. Y yo no lo había visto así, pero ¿para qué me iban a invitar a salir si yo les platicaba mi vida entera por WhatsApp? **Si alguien quiere conocerte y está interesado en ti, le pone fecha, hora y lugar y lo hace realidad.** No nada más te manda emojis por redes sociales o mensajes de WhatsApp.

Yo me tomé muy en serio lo que decían las señoras de *The Rules* y, cuando me escribía el niño este que no vivía en la CDMX, lo turboabría. «Hola, oye, estoy a cinco minutos de entrar a una junta, luego hablamos». Observaba su interés, veía si me hablaba más tarde o si me escribía para decirme que vendría a la CDMX. No me estaba haciendo la mamona, simplemente el estar tan disponible para una persona que apenas conocía no era opción. Yo observaba.

Y, en efecto, nunca puso fecha para verme. Así que mejor de una vez lo mandé al congelador (una bonita expresión) porque yo ya no estaba para perder el tiempo con gente que no sabe lo que quiere.

Te voy a decir esto a lo largo del libro: toma en cuenta que **tu tiempo es sumamente valioso.** Y esto no es arrogancia, sino que, como dije al principio, **si ya sabes qué quieres, ¿por qué te conformas con menos?**

El problema de estos vatos que solo te escriben y no te invitan a salir es que solo nos frustran y nos hacen dudar de nosotras. «Si me escribe diario y hablamos diario, ¿por qué no me invita a una *date*?». **Porque le gustas, pero no quiere contigo.**

Sepa la madre el porqué, pero el punto es que cuando alguien quiere contigo hace todo por ti: te invita, va a los planes con tus amigos, recorre la ciudad para invitarte un café, toma un avión para conocerte. Hace el esfuerzo.

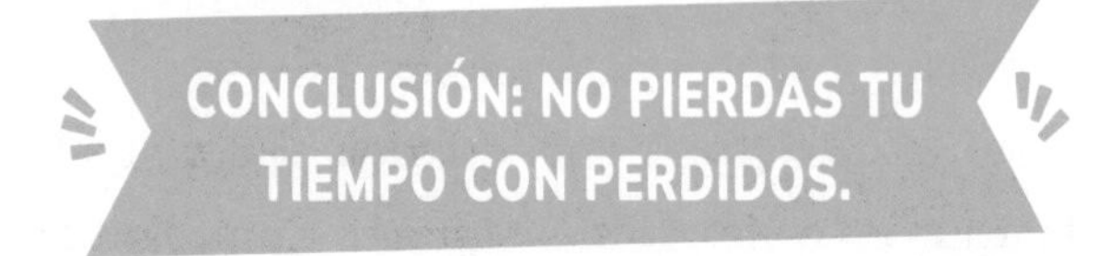

Ahora, volteemos la moneda, ¿qué pasa cuando alguien te gusta y no te hace caso? La verdad, no puedo hablar de eso porque nunca me ha pasado...

¡Ah, te la creíste! Obvio hay un chorro de vatos que no me han pelado, a los que les caigo bien, pero no quisieron nada conmigo y ni modo, ¿qué se le hace? Sin embargo, tampoco creas que te dejaré con las manos vacías.

TIPS EFECTIVÍSIMOS PARA QUE LA OTRA PERSONA SE ENTERE DE QUE TE GUSTA

1. **Lo primero que debes hacer es lanzarle la información al otro.** ¿Cómo? Ya sea que tú le digas directamente que te gusta o que se entere por un tercero. El punto es que él debe saberlo, si no, pues está cañón.

2. **Veamos qué hace con esa información.** Si te escribe o no te escribe. Si te escribe, pues chingón, ahí puedes decirle que se vean (tú ya abriste la posibilidad de una *date*). Si no te escribe y tú quieres escribirle, vas, solo que hay que leer las señales. Si tarda mucho tiempo en responderte y no ves que quiera invitarte a salir, ahí está tu respuesta. La no respuesta es la respuesta. Por fa, no intensees.
3. **Un error supercomún es tratar de hacerte presente en otros lados en caso de que no te pele por WhatsApp.** O sea, dándole *like* a sus fotos en Instagram o viendo sus *stories*... Controla tu necesidad de atención.
4. En caso de que no te pele, se siente feo no ser correspondida. Pero, en serio, escucha bien lo que te voy a decir: **las cosas siempre pasan por algo y ese shavo no tenía que ser parte de tu historia.** A mí siempre me gusta hacer una introspección después de que dejo de hablar con una persona. ¿Qué era lo que me gustaba de él? ¿Qué cosas padres tenía? ¿Por qué no jaló?

Hija, no es el fin del mundo, así pasa cuando sucede, pero no porque no te hayan hecho caso o no porque no hayan funcionado tus *dates* amorosas significa que te quedarás vistiendo santos. Son rachas, y mi consejo siempre es:

{ Enfócate en lo que sí tienes. }

Enfócate en crecer tú como persona. En amarte y aceptarte. En trabajar tus inseguridades. Enfócate en ti y vuélvete el amor de tu vida para que cuando llegue alguien sea el chingón que está igual de completo que tú.

Capítulo 5

¿Cómo triunfar en las relaciones casuales?

La honestidad es lo único que nos lleva a tener relaciones sanas. Esto también aplica a esos agarres casuales que de pronto una tiene, pero que a la vez se complican porque *¿cómo? ¡Yo que soy chavita bien de toooooda la vida no voy a estar buscando pene por diversión! Eso solo lo hacen las zorras, las sucias, las fáciles, las que nadie quiere... ¡YO VIVO CON LAS REGLAS QUE VIENEN EN «EL LIBRO DE LA VIDA»!*

ADVERTENCIA: Si no estás interesada en ir a buscar caricia fugaz, pues dale al siguiente capítulo, porque aquí solo vas a leer cómo hacer y decir lo que quieres para darle vuelo a la hilacha sin remordimientos. Sé que hay una parte de ti a la que le da curiosidad, pero, bueno, no te obligaré a leer algo que no quieras. Te extrañaré en estas páginas. Nos vemos pronto, compañera.

Okey. Tú que ya te quedaste porque a ti sí te late ver qué pedo con las relaciones casuales, te digo algo desde un principio:

OLVÍDATE DE LAS EXPECTATIVAS.

En general ese consejo aplica para TODO EN LA VIDA (en mi libro *Lo sensibles no nos quita lo chingonas* lo explico), pero aquí más porque si entras a una relación donde se supone que no hay compromisos, y tú de visionaria andas viéndole ojos de futuro exnovio a tu nuevo agarrón, ¡no va a jalar! Ahora, es normal que nos cuesten las relaciones casuales porque, si te gusta la otra persona, es probable que busques algo más. Sin embargo, es importante parar en seco porque, **para que vayan al *next level,* los dos deben querer lo mismo.**

Consejo #1: «Di lo que sientas, haz lo que piensas, da lo que tengas y no te arrepientas»

Nos lo dicen nostálgicamente Mijares y Lucero, este dueto musical que, además de haber interpretado «El privilegio de amar», el tema principal de una telenovela ICÓNICA, también fue una de las parejas más famosas del mundo de la farándula mexa. Televisaron su boda, duraron años, fueron mis vecinos en Acapulco (otro día te cuento esa historia) y tronaron sepa la madre por qué. Bueno, da igual, aquí hay que enfocarnos en **«di lo que buscas y lo que quieres»**, que no es literal lo que dicen #Luceres (Lucero + Mijares), pero es el mensaje general...

«¡Romina! Me voy a ver muy lanzada, muy zorra, muy caliente, ay, qué oso». Deja de pensar tanto y, neta, sé honesta. ¿Qué quieres? Ejemplo: «Solo quiero tener sexo con Brayan los domingos», o «solo quiero darme unos besos y uno que otro toqueteo, pero hasta ahí». Lo que sea que quieras (puede incluir sexo más rudo o sadomasoquismo, que no lo juzgo, pero no te puedo decir nada al respecto porque no tengo experiencia en el campo), DILO, porque el otro también debe saber qué quieres. Y OBVIO, tú debes saber qué quiere él, porque, mana, en una de esas el güey lo único que quiere es ver películas contigo y tú ya quieres treparte a la cucaña cada que lo ves. (Cucaña, amiga mía, era el palo encebado de un programa noventero llamado TVO. Así le llamamos al pene Juan Pablo Jim y yo).

Después de este corte informativo, regresemos al tema: no podemos asumir que por ser hombre a huevo quiere coger; sería lo mismo pensar que porque somos mujeres no nos gusta el sexo. No generalicemos.

Sin duda es incómodo porque no estamos acostumbradas a tener este tipo de conversaciones, pero son necesarias para que puedas tener una relación que valga la pena. Así, aunque solo se vean los jueves después de la oficina para ir a un motel, pues ese es su acuerdo, ¡y todo perfecto! **Los problemas vienen cuando pensamos por**

el otro. Cuando asumimos o esperamos algo de la otra persona.

> En las relaciones casuales no se puede esperar mucho más que lo acordado, ¡y está bien! De eso se trata. Dicho eso: vas. Date conscientemente, y a gozar, que esta vida es una y hay que vivirla.

Consejo #2: aprende a manejar el #LQUHPP

Esas siglas representan: LO QUE UNA HACE POR PENE, o sea, tomar un avión para ir a ver al señor que vive en otra ciudad, salirte de una comida donde la estabas pasando a todo dar con tus amigas para ir a verlo, o tener sexo en lugares públicos porque pues ¡LO QUE UNA HACE POR PENE! Me gustaría adjudicarme este término y decir que yo lo inventé, pero no es cierto. Mi amigo y exsocio Juan Pablo Jim fue el creador de #LQUHPP y, pues, la mayoría de mis amigas lo han vivido y experimentado en carne propia. Y yo también. Aquí te va mi historia.

Hubo un momento de mi soltería en Nueva York donde me daba casualmente a un gringo que estaba guapo y *delish* pero era tonto, no tenía sentido del humor, se tomaba demasiado en serio y era de megahueva platicar con él, por lo que yo lo único que buscaba era la caricia sensual y párale de contar. No era una mala persona, solo no tenía tema de conversación, era superbásico y hasta un poco ignorante. Una vez me preguntó que si había sushi en México. Sí... ese gringo que apenas y sabe dónde está México en un mapa.

Vivía lejísimos de mi casa y, mientras iba en el metro, pensaba: «Este güey sí me gusta para dármelo, porque si no, ¿por qué pierdo 50 minutos de ida y 50 de regreso solo para verlo?».

Él creía que era superinteresante y todo giraba alrededor del basquetbol. Yo pretendía escucharlo. Hasta le preguntaba cosas tontas como «*How tall is LeBron?*». ¿En serio? ¿Tan alto? ¡¡¡WOW, QUIÉN LO HUBIERA PENSADO!!! -_- En mi cabeza solo decía: «Ya cállate y vámonos a tu cuarto». Él ha sido mi máximo ejemplo de #LQUHPP, porque a mí lo que más me gusta de un güey es que sea inteligente, y este vato se creía inteligente pero solo porque se aprendía de memoria datos curiosos que vienen en Yahoo! Noticias. Aguanté su falta de cultura con tal de que me diera unos arrastrrones por su cuarto.

Encontrar buen sexo y/o buena caricia (arrumacos) es más difícil que encontrar a Wally en las últimas páginas. ¡Se pone canijo el pedo! Así que cuando encuentras a alguien que te gusta, le gustas, huele rico, etc., y estás ardiendo en llamas y en calentura porque el otro te encanta, ¡está perfecto! Qué fortuna poder vivir tu sexualidad de esa manera y conocer tu cuerpo a través de alguien más.

Lo que quiero recalcar aquí en #LQUHPP es que, más allá de la caldufez, somos seres humanos con conciencia. No somos animalitos que buscamos a otro por mero instinto, así que **por más que sientas que el chon arde en llamas, debes ser responsable siempre.**

Consejo #3: ponte atenta con los focos rojos

La responsabilidad es hacerse cargo de nuestras acciones y saber que hay consecuencias. No soy una aguafiestas, por mí dale, mami, dale, pero meterte con alguien que tiene un compromiso o aguantar violencia mental/física solo porque el sexo es increíble es darte en la madre tú solita. Te lo digo por experiencia. ¿Para qué? ¿Por qué querrías meterte en broncas solo porque el otro es el rey de las sábanas? **Gran parte de este camino de amor hacia nosotras implica ponernos hasta delante en la fila, y si sientes que estás en desventaja o ya te clavaste y el otro no, es mejor salir de ahí.**

LISTA NEGRA DE LO QUE YO NO RECOMENDARÍA AUNQUE EL PENE SEA MUY ATRACTIVO:

1. Con novia o, peor aún, casado
2. Ex de una amiga (un ex que sí le importe)
3. Violento
4. Tu jefe
5. Tu ex

Vamos a desarrollar cada uno de los apartados:

1. Con novia o, peor aún, casado

Tal vez él te aviente un chorazo de esos que han escuchado mis propios oídos, tipo «La relación con mi novia es complicada», o «Si tan solo mi novia fuera como tú». Será el sereno, pero aquí (en realidad siempre) **las acciones valen más que mil palabras.** Y si ya empezaste una relación, por más casual que sea, y tiene novia/esposa, huye de ahí.

Si eres de las que les mama lo prohibido, el *rush* de adrenalina o la acción, hija, mejor aviéntate del *bungee*, anda en motocross en Valle de Bravo o métete a una jaula en medio del mar a nadar con tiburones, pero ¡no andes con alguien que ya tiene un compromiso! Es saber respetarte y respetar límites. Mejor vete a agarrar a otro que no traiga tanta carga encima.

SI YA SABES QUE TE VAS A QUEMAR,
¿POR QUÉ PONDRÍAS LAS MANOS
EN EL FUEGO?

Por eso, hay que ser listas a la hora de decidir con quién, pues lo que empieza con una aventurilla casual luego puede llegar a convertirse en algo más y para qué meterte en broncas con la novia/esposa, que para acabarla de chingar (porque así de hijodeputa es el patriarcado) solo te va a echar la culpa a ti *porque los hombres no se pueden controlar porque, ¡son hombres!* Ajá.

2. Ex de una amiga (un ex que sí le importe)

Fuera de pedo, no sé cómo le hacen porque, como dice Natalie Portman en *Closer*, siempre hay un momento de decisión a la hora de involucrarte con alguien, las cosas no «solo suceden». **Para que termines involucrándote**

con el ex de tu amiga, es porque tú le abriste la puerta, y si te importa tanto su amistad, deberías considerarlo. En mi opinión, güeyes sobran, amigas las cuento con los dedos de mi mano. Güeyes con los que puedes obtener una relación casual hay un chingomadral. Bueno, tal vez exageré, pero al menos dos que quieran tus carnes, seguro. Entonces, ¿vale la pena el acostón? ¿Cuánto perderías si la otra se entera?

Ahora, también se vale preguntarle a la amiga y ser sincera. Sobre todo si el ex en cuestión es uno que a ella ya le vale queso. Pero no asumas, pregúntale:

«Oye, amiga, fíjate que me acordé de ti porque estaba escuchando a Britney Spears y me vino a la mente cuando bailábamos la coreografía de "Toxic" y, ¿te importaría si me echo un acostón con Vladimir, tu ex de segundo de secundaria con el que duraste tres meses?».

SI A LA OTRA LE VALE UN PEPINO, PUES VAS, PERO SI SÍ LE IMPORTA EL EX, NO SEAS CULEY MEJOR AGÁRRATE A OTRO.

3. Violento

Como ya te platiqué, estuve enculada con un violento, y no sé cómo madres aguanté tanto maltrato de mi ex. Bueno, sí sé, porque yo era nueva en las mieles del sexo y el chavo era un maestro en el arte de las sábanas. Tenía 21 años, estaba enculadísima, y en serio que cuando estás en esa situación no piensas en nada más. No me podía concentrar, dejé de ver a mis amigas... Todo giraba alrededor de Mark y su cuerpo junto al mío.

Por lo general, cuando una se encuentra en una relación tóxica y codependiente en la que no se pueden dejar, el sexo es magnífico. Pero ¿por qué aguantarías maltrato de un vato únicamente porque te coge bien? El precio que pagas es altísimo.

Han pasado años desde esa experiencia, y ahora que lo veo pienso que nada ni nadie vale más que mi paz y mi salud mental.

REPITE CONMIGO:

Alguien que es un grosero y un patán
no merece mi tiempo, mi energía
y mucho menos mi cuerpo.

4. Tu jefe

Si va en serio, pues ya te echas todo el trámite de hueva con Recursos Humanos y les avisas sobre su relación, etc., pero si solo te lo estás dando porque «Ah, qué divertido cogerme al jefe», «Ah, es que coger al lado de la fotocopiadora es mi *turn on*», creo que no estás pensando lo suficiente en las consecuencias.

Un revolcón puede costarte una mancha difícil de quitar en el mundo laboral. Además, él está en una posición de poder al ser tu jefe, ¿qué tan objetiva puede ser su relación dentro de la oficina si se están toqueteando sus partes?

NUNCA PONGAS TU VAGINA EN LA NÓMINA.*

*Esa frase, aunque parezca que la dijo Temístocles... no, se la inventó una amiga.

5. Tu ex

Sé que regresar con tu ex es como cuando regresas de viaje a tu casa: se siente padre, rico y a gusto; PERO hay que tomar en cuenta las razones de que ya no estés con esa persona; cogerte a tu ex solo va a complicar la relación porque ya no están juntos, el otro no tiene un compromiso contigo (ni tú con él), y **si ya no están juntos es POR ALGO, ¿entonces?** Si estás a la mitad con tu ex lo único que va a pasar es que todo se va a convertir en un ir y venir de flojera.

¿Te conté que después de haber cortado con Mark pretendimos que ahora solo íbamos a tener sexo, ya sin noviazgo de por medio? Ya sabes cómo terminó eso: estuvimos juntos por meeeseeeesss, y es que nada más de acordarme me quiero dar tres autozapes. Nunca es una buena idea, créeme. Termina peor de lo que pudieron haber terminado sin andar alargando finales.

> Mejor emprende la búsqueda de un pene nuevo. Te va a ir mejor.

SOS: rómpase en caso de enculamiento

Hay una diferencia ABISMAL entre estar enamorada y estar enculada, y como durante el sexo se desprende harta hormona, pues empezamos a confundirnos. Pero **te lo digo desde ahorita: no es el otro, son las hormonas.**

Lo más importante es que tú veas y **distingas que no es amor; es enculamiento,** y que a partir de ahí empieces el proceso de sanación.

Si te atoras en la fantasía romántica y en la historia que te hiciste en la cabeza y que no es real, vas a seguir dándote en la madre. Por eso es importante aceptar el principio de realidad. Para identificar dónde se sienten el amor y el enculamiento, haz el siguiente ejercicio.

Vamos a suponer, por ejemplo, que andas confundida con Jorge (nombre imaginario del dios sabanístico):

¿Dónde sientes la energía cuando piensas en Jorge?

SI LA RESPUESTA ES LA VULVA,
¡AHÍ LO TIENES! ¡ES ENCULAMIENTO!

Ahora, **vayamos a las preguntas que más me hacen en #LunesDeConcierge:**

- **Yo no quería con él, pero ahora sí. ¿Se vale cambiar de opinión?**

Claro que se vale, ¡felicidades! Solo recuerda que, para que jale, los dos deben querer lo mismo. No pierdes nada intentándolo. Si no funciona, pues adiós, que te vaya bien.

- **No puedo dejar de pensar en él.**

Sí, sí, pues es que las revolcadas memorables son difíciles de olvidar.

- **Me enoja que el otro no quiera salir conmigo a lugares públicos.**

Hija, si ese fue el acuerdo que establecieron desde el principio, ¿qué esperabas?

- **Ya no me lo voy a coger para que ahora quiera algo serio conmigo.**

Esas técnicas de manipulación y control no jalan, porque el otro no va a entender qué pasa y es muy probable que se aleje. Si de plano quieres algo más con esa persona, háblalo. Solo que debes respetar lo que el otro quiera.

Y si de plano truenan...

#ROMITIPS PARA **SALIR DEL ENCULAMIENTO**

1. Cómprate un juguetito/vibrador para que tú solita le des vuelo a la hilacha. Vieras lo que yo he descubierto desde que los tengo. ¡La paso bomba! En Plátanomelón.mx o en La Eroteca encuentras harta variedad.
2. Necesitas un detox después de tronar, por eso es pésima idea el ir a darle con otro luego luego.
3. Bloquéalo de todos lados. ¿Para qué quieres tener contacto con él?

4. En mis momentos de sanación, me ayuda un montón escribir. Escribe aunque sea «extraño tu pene» en una plana. Díselo a tu diario, pero JAMÁS a él.
5. Ve con tu amiga, la más sincera, a que te diga por qué ese chavo no vale la pena.
6. Canta «Yo no soy esa mujer» de Paulina Rubio (el himno feminista dosmilero por excelencia) y sube el volumen de tu voz cuando la Chica Dorada dice: «Nunca me verás llorar, no, no, no. Nunca me verás caer, no, no, no».

Bien fácil, mana. Ahora, no eres la primera ni la última mujer que se clava porque se la cogen bien. Es muy normal. **Intimar con una persona va más allá de que te vean sin ropa. Es mostrarte vulnerable con el otro, intercambiar energía y crear una conexión.** No te sientas tonta porque te clavaste, pero si es algo que te está afectando porque tú sí quieres algo más con esa persona y esa persona no, entonces debes tomar una decisión. Obvio puedes seguir dándole, pero al final no quieren lo mismo y habrá un problema.

Conclusión:

Basta de esperar algo a cambio en las relaciones casuales, porque son lo que son: pura diversión, toqueteo sin compromisos y sin planes a futuro. SIEMPRE hay que fluir y dejar de controlar la situación, porque aquí se trata de simplemente vivir el presente y YA. Tal vez la máxima planeación será ¿cuándo te vuelvo a ver? Pero ni así puedes tener una respuesta clara. No hay enojos ni «¿por qué no me contesta?». Nada.

Amiga, fuimos programadas para creer que cada uno de los hombres que conozcamos será parte de nuestra historia romántica, pero es una vil mentira. Ese fue mi pedo durante años. Si alguien me hubiera hablado de relaciones abiertas, otro gallo cantaría. Pero no, yo estaba aferrada a que me amaran y me quisieran y que yo fuera la única persona en sus vidas, cuando yo ni siquiera quería salir con uno de forma exclusiva. Yo quería variedad. ¡Harta variedad! Pero porque soy mujer y las mujeres no podemos ser de varios, la pasaba fatal, hacía un desmadre y **todo por no saber pedir lo que quería y por miedo a que me juzgaran.**

Por eso nos cuestan trabajo las relaciones casuales, por las creencias y porque algunas queremos tener las respuestas de TODO, y aquí pues *nanai*. Así que a darle, que el sexo casualón es un excelente ejercicio físico (bromi) que te enseña a disfrutar a las personas y a vivir las experiencias tal cual se presentan.

> A soltar el control y el cuerpo también, porque como dice mi terapeuta Diana, es como ir probando helados: tú sabrás cuál es tu favorito.

Antes de cerrar, algo importantísimo: **si habías dicho que sí le entrabas a la relación casual, pero después ya no te latió, te sales de ahí.** Si ya te clavaste y el otro no, se vale decir adiós. Todo se vale, lo único que yo no te recomendaría es que llegaras a pasarla mal, haciendo algo que tú no quieres o que exista maltrato de por medio. Esto último jamás de los jamases.

{ Tú decides qué tipo de relación buscas siempre y cuando te respetes. }

Capítulo 6

Señales de que eres una enamorada del amor

Arranquemos con un breve test, como los que hacíamos en la revista *Tú* (*aka* la biblia de las adolescentes dosmileras).

	Sí	No
1. Cuando conoces a alguien, ¿inmediatamente lo ves como un posible prospecto?		
2. En la segunda *date*, ¿ya estás pensando en presentárselo a tus papás?		
3. ¿Eres de las que creen que el tiempo es relativo? Ejemplo: irte a vivir con alguien a los dos meses.		

	Sí	No
4. ¿Cuando conoces a alguien dices: «Ahora sí creo que este es el bueno»?		
5. ¿Cada que te subes al transporte público piensas que tal vez el güey de al lado te va a hacer plática y terminará siendo el amor de tu vida?		
6. Si vas a una boda, ¿sueñas con que algún día llegará también tu oportunidad?		
7. ¿Crees en las almas gemelas?		
8. ¿Ves muchas comedias románticas con Martha Higareda y Omar Chaparro?		

Si contestaste SÍ a la mayoría de las preguntas, es que amiga, mana querida, **¡eres una enamorada del amor!**

¡Ey!, recuerda que aquí nadie juzga, solo hay que aceptar cuando una se clava más rápido que protagonista de una comedia romántica gringa.

A estas alturas ya me conoces muy bien, y pues ya te habrás dado cuenta de que yo era LA enamorada del amor. Para que entiendas: mi papá y mi hermana hacían apuestas de cuánto tiempo duraría con alguien porque todos los vatos me emocionaban al principio y después me dejaban de interesar. O sea, tenía el *attention spam* de un pug.

Ahí te va una de las historias más divertidas y enamoradas del amor que me han pasado. Para que veas que, todo lo que pides, se te cumple.

En mis años neoyorkinos salí con harta variedad de caballero. Acababa de ver *Gossip Girl*, y como cada serie que veo afecta mi realidad (déjame, crecí con Televisa), pensaba lo increíble y fabuloso que sería salir con un neoyorkino millonario.

El amigo de una amiga que se llama Seth me invitó a un concierto de Ratatat, unos vatos que tocan música electrónica. En ese concierto conocí a Jonas, amigo de Seth, y desde el principio me cayó superbien. Como los dos fumábamos (gracias a Dios ya dejé el vicio), salíamos a la terraza y platicábamos. Jonas era neoyorkino, alto, carismático, sarcástico y supercaballeroso. Pasé más tiempo echando la chela con Jonas que escuchando a Ratatat; al terminar me preguntó si quería seguirla en otro bar, y dije que sí. Nos corrieron de ese bar, así que mientras íbamos en la búsqueda de alguno que cerrara tarde, estuvimos caminando y caminando hasta que le dije que necesitaba ir al baño. «Mi casa está supercerca de aquí». Estábamos a dos cuadras de la Quinta Avenida y la cincuenta y tantos. ¿Neta vive por aquí? ¿Pues quién es este vato?

Llegamos a un edificio mamón de no sé cuántos pisos (pero más de veinte), el portero saludó a Jonas y de pronto, pum, entramos a su departamento. «Aquí vivo con toda mi familia, pero no te preocupes, no están, se fueron a los Hamptons». ¿Quién eres? ¡¿Chuck Bass?! En fin, la sala del departamento era tan grande que podía darme vueltas de carro o patinar. Descuida, no lo hice; en vez de eso, nos dimos un tierno beso. ¡Aah!

Al día siguiente seguía en *shock* de que el universo hubiera escuchado mi plegaria. ¡Un vato guapo, buena onda y con harto dólar en Nueva York! ¡ERA OBVIO QUE JONAS ERA EL AMOR DE MI VIDA!

Paréntesis: aunque Jonas hubiera tenido tres pesos hubiera salido con él (no soy interesada), PERO el que fuera ricachón le daba un plus divertido.

La siguiente semana, Jonas me invitó a una *date* en el Upper West Side, su papá estaba cenando en el mismo lugar. Así conocí a quien fue mi suegro por un tiempo, un abogado de navieros griegos que solo usaba *leggings* negros como *outfit*. Es neta. «Mi familia es un poco peculiar, ya la conocerás». ¿Qué significaba eso de conocer a su familia? ¿Que sí quería conmigo en serio? ¿Que me casaría con él en los Hamptons y viviríamos en Nueva York? *OH MY GOD! DREAMS COME TRUE!*

Después de unas cuantas *dates* en Nueva York, un fin de semana me invitó a su mansión de South Hampton. (Amo decir mansión, es muy de telenovela con protagonista que tiene un nombre tipo Ana Victoria Ruvalcaba de las Casas y Palacios). Ese mismo fin, durante una cena con su papá, su madrastra y un amigo del papá, brindamos por nuestro noviazgo, y ahí, en ese momento se hizo oficial.

Estuvimos juntos cinco meses, y en ese tiempo conviví con su familia excéntrica e incluso él vino a México para conocer a la mía: todos lo amaron y se puso borracho con mi papá en el Estadio Azteca.

Peeero... hubo varios focos rojos que ignoré: Jonas no trabajaba, se la vivía de fiesta con sus amigos y, sobre todo, le encantaba la copita y era bastante coqueto (ya sé, MEGAPROSPECTO… *not!*). En aquel entonces mis inseguridades andaban a tope, no tenía trabajo y toda mi energía se enfocaba en él, así que yo también demandaba mucha atención. ¿Ves? Se junta el hambre con la necesidad. Pero ahí seguía, #EnamoradaDelAmor, no de Jonas, sino de la idea del romance nivel *Gossip Girl* que manejábamos y el potencial que aquello me ofrecía.

En julio de ese año vi el anuncio de un *casting* en Hudson, en el norte de Nueva York, para una obra llamada *Nowhere on the Border*. El papel de Pilar era perfecto para mí, así que tomé el tren a Hudson, hice mi *casting* y me regresé a Nueva York, esperando que saliera algo, ¿y qué crees? ¡Que me quedé con el papel! Debía irme a vivir seis semanas a Hudson y no lo pensé dos veces. Hablé con Jonas, quien se puso feliz por mí, empaqué y me fui.

Estaba metidísima en mi papel y, aunque hablaba con Jonas, sí nos distanciamos. Un fin de semana que fui a visitarlo a Nueva York, entré a su baño y vi una envoltura de condón en su bote de basura. De unos condones que no usábamos. Salí de su baño preguntándole qué pedo, qué era eso, a lo que él respondió que no sabía de qué hablaba y me tiró de a loca. Fue más que claro para mí que el otro había estado chacoteando (como dice mi mamá) con otras, y pues adiós, compadre. Cortamos. No iba a tolerar una humillación por parte de nadie, porque a pesar de que yo no me respetaba, eso ya era *too much.*

Mientras yo no paraba de llorar del dolor y del coraje, Jonas empezó a salir con otra a la semana de haber cortado. Lo supe porque posteó fotos de ella *topless* en su

Facebook #casual; yo estaba enojada, ardida, dolida, y me sentía como la pendeja más grande del mundo porque me habían visto la cara.

Además de que me divierte un montón acordarme de las fiestas de millonarios en los Hamptons, te cuento esta historia porque yo era la máster para autoconvencerme, y si yo creía que Jonas era perfecto para mí, aunque saltaran 67 focos rojos, no lo iba a notar; no aceptaba la realidad y me enfocaba en las únicas tres cualidades que tenía el mushasho. Lo más cabrón de TODO fue que por primera vez me enfoqué en la lana: me deslumbró todo lo que tenía el Jonas, que para acabarla de chingar ni siquiera era de él, ¡era del papá!

Al final pagué carísimo porque no vi lo importante: que fuera una buena persona, y **el ser una buena persona no es algo que se pueda comprar; o te lo enseñan en tu casa, o vas a tratar de llenar vacíos todo el maldito tiempo con cosas materiales.** El universo me mandó esa lección: que nunca te mueva el dinero. Y hasta la fecha así ha sido. No hago las cosas por dinero, no me llevo con gente por dinero y mucho menos voy a entregarle mi corazón y energía a alguien solo porque tiene dinero.

Me gustaría decirte que a partir de ese momento cambié, tuve relaciones sanas y amorosas, que aprendí a relacionarme desde otro lugar. No, manis, todavía faltan varios capítulos para llegar ahí. Sin embargo, quiero que te quedes con lo siguiente:

EL POTENCIAL SIRVE PARA PURA MADRE.

Ser positiva y ver cualidades en los demás es algo padrísimo, siempre y cuando veas lo que hay delante de ti y no lo que podría ser. No te enamores del amor, enamórate de quien tienes enfrente. Y así regresamos al «si quieres un perro, ¿por qué adoptas un gato?».

Yo no sé quién nos metió en la cabeza que hay que empeñarnos en cambiar al otro y que las relaciones son esta lucha constante por hacer que las cosas funcionen. A ver, ¿la relación con Jonas tenía potencial? ¿Jonas tenía potencial? ¡Claro que sí! Vayamos atacando punto por punto para ver qué es lo que podríamos cambiar:

Jonas no trabajaba. Era un júnior. / Jonas podría conseguir un trabajo y dejar de depender de su papá.

Jonas era alcohólico. A veces le gustaba mezclar marihuana con alcohol. / Jonas podría encontrar un estilo de vida más saludable.

Jonas era un coqueto. / Jonas, al valorarse a sí mismo, valoraría a los demás, y por ende valoraría nuestra relación.

¿Ya viste cómo el potencial es OTRO Jonas, y no el que conociste hace unos minutos? El Jonas en su mejor versión es lo que todos quisiéramos ser, pero, así como él no se valoraba, ¡yo tampoco lo hacía! Ay, qué bárbara, ya parezco disco rayado, pero repitamos así como en Plaza Sésamo a ver si se nos graba: tu pareja es tu espejo, y no todo era culpa de Jonas.

Romina no estaba enfocada, no sabía lo que quería. / Romina podría al menos ocuparse en vez de preocuparse.

Romina le veía el potencial a TODOS los güeyes que se topaba. / Romina podría ver la realidad y aceptar a las personas COMO SON (ya de ahí decidir si va a continuar o no con ellas).

Romina no se respetaba y por eso bebía de más, tenía relaciones tóxicas y abusivas, y trataba de llenar su infelicidad a través de otras personas. / Romina debería ir a terapia.

Todas mis conclusiones terminan con ir a terapia. Siempre. Y si por algo no puedes ir a una terapia, hay libros, pódcast como el de *Sensibles y chingonas*, material en YouTube y TED con miles de expertos. Afortunadamente vivimos en un momento en el que hay harta información al alcance, que no hay necesidad de pasarla mal o de sufrir.

Jonas y yo estábamos en el mismo *trip*. ¿Cómo podía exigirle al otro lo que fuera si yo tampoco estaba asumiendo mi vida ni mi realidad? A los pocos meses de cortar me mandó un mail diciéndome que se había portado mal conmigo y pidiéndome perdón. Le respondí diciéndole que yo también le pedía una disculpa, porque para que haya pedo se necesitan dos. Al menos terminamos reconociendo nuestros errores y deseándole al otro lo mejor.

En mi libro *Lo sensibles no nos quita lo chingonas* (sí, ya sé, lo menciono un chingo, pero ¡es mi libro!, ¿qué querían?) viene una frase que cambia vidas y que es autoría de mi terapeuta Diana Pineda:

NADA ES MALO, SOLO HAY QUE ASUMIRLO.

¿Qué quiere decir esto? Que si tú conscientemente sabes que estás en una relación con un mujeriego y lo asumes, está bien. Que los demás digan misa, que tus amigas se infarten, que naaaaadie entienda el porqué de su relación. Si tú quieres a esa persona y quieres estar con él, aun consciente lo que implica estar con alguien así, está bien.

Lo que no está bien es sufrir, quejarse, victimizarse. Convertirse en la protagonista de un capítulo de *Mujer, casos de la vida real* en la vida real porque «Jonas es un maldito infiel y ve tooooodo lo que me hace, bla, bla, bla». No solo las demás personas van a huir de ti porque NADIE tiene por qué aguantar tus dramas (una vez, va; dos, okey; *siempre* es cansadísimo, y pues nadie es escusado para que andes echando tu mierda. *Sorry*, se tenía que decir y se dijo). **La opción siempre está ahí: o te sales de esa relación o lo asumes.**

Sí, soy una intensa (ya me conoces) y genuinamente creo que TODAS nos merecemos eso: una relación basada en el amor y en el respeto porque, aunque a veces no lo creas, aunque te cueste trabajo verte ahí, SÍ existen las relaciones donde hay compromiso. Pero **primero, ese compromiso de amarte y respetarte para toda la vida debe venir contigo.**

Capítulo 7

Amor de tres es una mala relación
(a menos que estés de acuerdo)

Hay hartas cosas que hice en mi pasado de las cuales no me siento orgullosa, y entre ellas están las veces que pinté el cuerno. Se me hacía divertido, la neta. Me gustaba lo prohibido, el *rush* de adrenalina por que nadie nos cachara, el «estoy hoy contigo, pero mañana seré de alguien más». *How romantic!* Y es que, ¿cuántas veces no hemos visto en las películas, series y en las telenovelas estas relaciones intensas, apasionadas, llenas de encuentros sorpresa que por lo general terminan en sexo/drama/sexo? ¡No, pues, es que lo venden rebien! Así cómo no se antoja probar el andar echándose una canita al aire.

Pinté el cuerno tantas veces y a tantos de mis exes que perdí la cuenta. ¿Me sentía mal? No. ¿Me daba remordimiento al día siguiente? Tampoco. Toda yo estaba tan anestesiada y dormida (metafóricamente hablando) que nada me afectaba. No conocía los límites.

Y también fui la otra. Nate, mi amiguillo de Nueva York (que vivía en Los Ángeles) con el que había un pique cañón, fue la persona que me llevaba al límite y, como era tan carismático y tan divertido, me importaba un pepino todo lo demás. En aquel entonces no existía el término YOLO (*you only live once*), pero así vivía yo.

Una vez, en el verano de 2010, Nate estaba de visita en Nueva York y me dijo que nos viéramos en un restaurante mexicano en el West Village. Era un cliché, con sombreros de charro en las paredes, una piñata de burro y meseros a los que se les complicaba un chingo decir «tortilla» y decían TORTILA. En fin, no iba a ese lugar a probar qué tal estaban las enchiladas verdes, sino a verlo. A él. A ese ser alto, tatuado y divertido que con solo decirme «Hola, bonita» en su español chaqueto, igual al de los meseros de ese lugar, me movía el piso y hacía que se me olvidara todo a mi alrededor. En ese momento yo tenía novio, un gringo de Nueva Jersey llamado John; obvio, al principio estaba clavadísima con él (#LQUHPP, la neta), pero pues medio me daba hueva. Igual no me voy a justificar por lo que hice.

El punto es que Nate y yo, después de unos tequilas (adulterados, seguramente) y un guacamole malísimo, decidimos irnos a otro bar cercano. Ahí estábamos echando la chela (yo ya tomada), y una pareja a nuestro lado empezó a hacernos plática. Nate se los choreó diciéndoles que estábamos casados desde hacía dos años, que vivíamos en Los Ángeles y que éramos muy felices juntos. Yo, sacando mis dotes de actriz, les conté la historia de cómo nos conocimos (la verdadera) y que mi papá no lo aceptaba del todo por ser gringo. Puro choro. Cuando la pareja se despidió, nos carcajeamos y le dije: «¿Te imaginas que fuera real?». A lo que él me respondió: «Sería mi sueño». Ahí nos agarramos a besos y nos fuimos a casa de su mamá (que no estaba, y) que quedaba cerca. (Habré sido varias cosas, pero jamás irrespetuosa. ¡Qué oso que a los 32 años de Nate lo hubiera cachado su mamá! No). Nos dimos más besos y hasta ahí llegamos, me prestó una *t-shirt* y nos quedamos dormidos en su cama individual. Era la primera vez que dormíamos juntos; me costó trabajo relajarme porque estaba muy emocionada, pero dormimos abrazados toda la noche.

A la mañana siguiente, estaba tan cruda que no me pude parar de inmediato. Nate me trajo un vaso de agua a la cama, nos reímos de la noche anterior, me puse mi vestido, nos abrazamos y me despedí. De seguro has escuchado del *walk of shame*, o sea, la caminata de la vergüenza, que alude a cuando una persona sale al día siguiente con la ropa de la noche anterior. Solo que a mí me daba cero vergüenza haberme quedado con Nate; al contrario: yo estaba contenta. Sin embargo, mientras veía el río Hudson, me entró el bajón de que con él siempre sería una relación a medias. Que jamás íbamos a estar juntos. Que no importaba lo bien que la pasáramos o cuánto nos divirtiéramos, él regresaría con su novia a Los Ángeles a continuar con su vida.

Y YO SIEMPRE SERÍA LA SEGUNDA OPCIÓN.

Quería llorar. Me guardé mis lágrimas para que el taxista no me viera raro, y en cuanto llegué a mi departamento, me solté a berrear. Grité, menté madres. Estar con Nate era un *rush*. Lo comparo con esas noches de fiesta, con la euforia de estar en la pista de baile, con varios *drinks* encima, en medio de gente bailando y cantando a todo pulmón. Nate me daba ese *high*. Me daba todo por unas cuantas horas y después desaparecía. Y yo me quedaba confundida y frustrada, y me enojaba que se inventara historias de nosotros con extraños pero que solo se quedara en eso, en ficción.

Ojo: Nate no era un mentiroso. Él jamás me negó a su novia. Jamás me prometió que la cortaría. Lo que hacía era no hablar de ella y darme atención a mí, y aunque fuera poca, yo me conformaba y aceptaba lo que él me daba.

EL PRECIO QUE PAGAS POR
UN POQUITO DE ATENCIÓN ES ALTÍSIMO.

Después de mi relación con Nate, no volví a prestarme para ser la otra porque me dolió tanto y fue tan brutal el madrazo de realidad, que decidí jamás ponerme en esa situación de nuevo. Me gustaría decirte que fue porque «me respetaba y me valoraba», pero la neta no sabía lo que era eso. Fue más porque me ardí, y cuando me ardo tomo decisiones drásticas.

¿A qué viene todo esto? A que pienses **qué tanto vale la pena ser la otra.** Si estás en esa situación donde te la piensas porque tu Nate en cuestión te hace sentir bien, reflexiona qué vale más: tu paz y tu bienestar, o esa falta de cariño. Porque seamos netas, es eso. Yo aceptaba las migajas de Nate porque yo no me quería, porque yo no me valoraba, porque yo no me ponía adelante en la fila y jamás le dije: *no, dude. Either you break up with your girlfriend or you and I are not even gonna be friends cause I'm not interested in being friends.*

> En *spanish*: A ver cabrón. O cortas con la gringa o te me vas olvidando de «ser amigos», porque como canta Gianluca Grignani: «Amigos para qué, maldita sea».*
>
> *No fue la traducción correcta, pero mira, se entendió el mensaje.

«Pero, Romis, ¿qué hago si ya me clavé?». Hija, puede pasar, porque una no es de piedra. Una tiene su corazón, sus sentimientos, y si luego a eso le aumentas que si el beso, el faje o la cogida que se aventaron estuvo de campeonato, pues una se clava. Como diría nuestra prima Fey: «Hay cosas del corazón que la razón no entiende». Si ya estás enamorada del Nate en cuestión, quiero que pienses lo siguiente:

¿QUÉ TANTO VALE LA PENA SEGUIR EN ESTA RELACIÓN?

En mi caso, como lo mencioné hace un ratito, Nate jamás me prometió que iba a dejar a su novia, pero si tu chavo sí te promete y promete y nada más no ves claro, sus palabras no concuerdan con sus acciones y tienes que tomar una decisión. Más allá de la angustia y ansiedad que da el hacer algo prohibido, debes pensar: ¿en dónde quedas tú? ¿De verdad quieres ser la segunda opción? ¿Por qué no querrías estar con alguien que sí se comprometa contigo?

«Pero, Romis, yo no estoy enamorada, solo me lo quiero dar». No, pues, ¿qué te digo? Solo creo que meterse con alguien comprometido es meterse en territorio prohibido y peligroso. Es como si me dijeras que te vas a meter sola a los rápidos de Veracruz sin chaleco salvavidas y sin experiencia en remo. Te vas a dar en todita tu madre porque no estás siendo consciente de las consecuencias ni de lo que podría pasar; solo te estás dejando llevar por tu instinto carnal y tus pasiones. Que si estuviera soltero el cuate, va, va, va: soy la primera en apoyar la causa, pero con compromiso todo se complica.

Yo tuve... ¿suerte?, no sé cuál sea la palabra, de que la novia del Nate jamás supo de nosotros; o si sí, nunca me enteré. Pero, si un día hubiera recibido un mensaje de la novia mentándome la madre, me habría sentido pésimo, aunque no hubiera sido mi intención hacerle daño a ella, pues al final mis acciones habrían lastimado a alguien más.

Le pasó a una amiga que tuvo un «desliz» con un casado; la esposa se enteró y le mandó mensajes turbofensivos y violentos a su cuenta de Instagram. Y el pinche patriarcado está tan jodido que en vez de que la doñita le mentara la madre a SU esposo por andar de pito loco, se desquitó con mi amiga porque pues ¡ZORRA MALDITA SEDUCTORA DE HOMBRES!

Solo de escribir el párrafo anterior, me quedé sin energía. ¿Por qué querrías meterte en medio de una tormenta?

¿Por un poquito de atención y sexo cabrón? ¿Para qué poner las manos en el comal prendido si ya sabes que te vas a quemar?

Ahora: **«Romis, ¿qué pasa si todos los involucrados saben que le vamos a dar vuelo a la hilacha?».**

Ah, no, pues ahí sí es otro cuento; vamos a hablar de las relaciones no monogámicas.

Relaciones abiertas / alternativas / poliamor

Nunca he estado en una, así que te contaré lo que otros me han platicado. Es cuando estás en una relación, pero pueden entrar más personas, todo esto consensuado. Por ejemplo: unos amigos míos que llevan juntos más de diez años decidieron abrir la relación. Cada uno tiene a su novio e incluso conviven los cuatro. Ellos dos siguen viviendo juntos. Sí, obvio cuesta trabajo entenderlo porque hemos crecido con una sola estructura, pero ellos son felices así. **Lo que a cada pareja le funcione, siempre y cuando sea hablado y consensuado, está bien.**

En uno de mis episodios favoritos de mi pódcast *Sensibles y chingonas* platiqué con Alicia Delicia, quien es educadora sexual, poliamorosa, y tiene múltiples vínculos con hombres y mujeres. Todes lo saben y todo es muy abierto. De verdad te superrecomiendo que escuches lo que tiene para compartir (te dejo QR en la próxima página), pues ya toca cambiar la creencia anciana de que la única forma de amar es con una sola persona. Lo que me encanta de Alicia (además de su libertad) es que no va por el mundo evangelizando o diciéndo a las personas monógamas que están mal, no se trata de eso. Al contrario, en sus talleres y cursos invita a identificar lo que nos gusta mientras abre la posibilidad de nuevas formas de relacionarnos, lo cual se me hace interesantísimo.

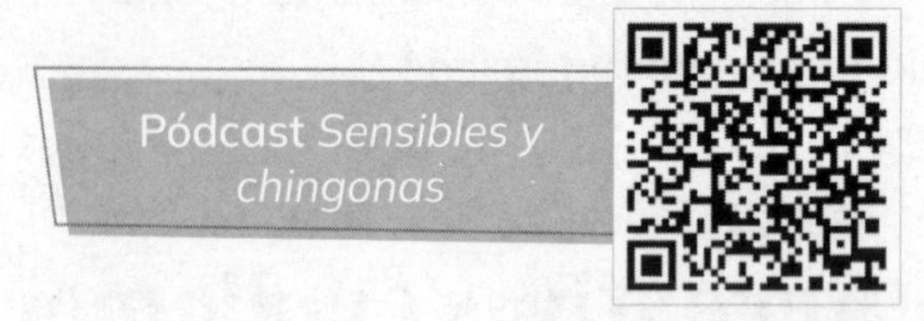

Se juzga mucho a las personas poliamorosas o en relaciones abiertas porque «son poco comprometidas», «son codependientes» o «gente pecadora», pero la realidad es que compromiso hay por montones y también harta comunicación. El tema es que nos han hecho creer que esa persona que nosotras elijamos como nuestra pareja debe de cumplir con TODOS los papeles:

- Pareja
- Mejor amigo
- Amante
- Proveedor
- Padre de familia
- Masajista*

*Ese último se me hace fundamental.

Dentro de una relación poliamorosa, tú tienes personas que cumplen con satisfacer cada una de tus necesidades e inquietudes, y lo mejor es que no hay mentiras ni la «casa chica» (bueno, sí puede haber, pero eso ya es otro libro). Mientras tanto, hay algunas personas en Mocholandia que ven como herejes a los no monógamos cuando hay harta persona que navega con bandera de que no rompe un plato, mientras esconde decenas de trapitos sucios. Esta doble moral me choca. Al final, los acuerdos de cada pareja, o parejas, son de dicha pareja y punto. Ah, y aunque tienes que escuchar el episodio del pódcast con Alicia, te voy adelantando que incluso en las relaciones poliamorosas existen los celos y debe haber el triple de confianza; así que no, no es que sean más fáciles, solo son más honestas.

Ahora, abriré un paréntesis. Susi quiere que Pedro (su novio) sea su todo. Que el vato que eligió como su pareja también sea su terapeuta, chef privado y que le interese la tragedia de que a su amiga Marianita no le quedó bien el vestido del bautizo de su sobrina (no digo más, ya leíste la lista de hace unas líneas). ¡Tampoco se trata de eso!

Lo que yo he experimentado en mi relación con Juan es que, a pesar de que le tengo toda la confianza del mundo y lo amo, no le cuento absolutamente TODO lo que me pasa; y no es porque no le quiera contar, es que no quiero tener con él una conversación de si los vestidos estampados se me ven mejor, a qué edad es conveniente congelar tus óvulos, o mi preocupación por la vida de Britney Spears (esas conversaciones las tengo con mis amigas Fabiola y Renata). Y agradezco que él tenga amigos con los que pueda tener un *fantasy baseball*, comer alitas hasta empacharse y discutir si los Pumas (su equipo de futbol) deberían quedar campeones en esta temporada. ¿Porque sabes qué? Por más amor que le tenga a Juanis, me turbovalemadres el futbol nacional. ¿Soy mal pedo? ¡No!

Quieres que tu pareja tenga a otras personas con las cuales platicar. Que tenga vida social más allá de la que tiene contigo. Que se divierta con otras personas. ¿Por qué? Porque las relaciones no son muéganos ni chorizos en los que estás pegada a la otra persona todo el tiempo. Por más que ame a Juan, también agradezco que tengo a mis amigas y amigos hombres (heterosexuales y gays) con los que puedo platicar de otras cosas. Bajo advertencia no hay engaño: si quieres ser muégano o chorizo tal vez haya un tema de codependencia o de control, y hay que verlo ASAP en terapia o con tu chamán de confianza.

Dicho esto, volvamos a nuestro tema. Puede ser que ames a tu pareja infinitamente, que sepas que lo que tienen es fuertísimo y que quieras construir una vida con esa persona, pero no por estar a dieta no puedes ver el menú.

Vayámonos a un escenario imaginario. Quiero presentarte a Héctor (no existe, ¿okey?, para que luego no me andes pidiendo que te lo presente).

Héctor de Sistemas es ese güey que usa el pantalón un poquito más ajustado de lo normal. Tiene buena pompa. Se echa loción que deja una estela a su paso. Huele rico. Le echa ganitas a su aspecto físico. Te trae botanitas saludables a tu escritorio: que si zanahorias con chile y limón, que si papitas hechas de nopal (bueno, si son de nopal, no son papitas, ¿verdad? En fin, me entiendes). Te tira la onda, leve, pero te la tira. Te echa comentarios de que te ves muy bien hoy, que el amarillo resalta el color de tus ojos (sabes que es mamada, pero igual le sigues la corriente), que le gustó tu idea en la junta. Ya sabes, el Héctor *te pone atención.*

Y aunque eres feliz en tu relación y amas a tu pareja, pues no eres de piedra (a menos que seas una lectora estatua y entonces, ¡¿cómo le haces para leerme?! #ChisteDeTío) y tampoco eres inmune a sentir un poquiiito de atracción por otras personas. ¡Es normal! Ahora, cada que estás en la oficina, buscas pretextos para toparte con el Héctor cerca de la zona de los cafés y fantaseas con proponerle ir por cubas saliendo de la oficina para aprovechar la *happy hour*. No sabes si cruzar esa línea porque, si lo haces, tu pareja hará lo mismo con Caro, una exgalana de sus años mozos de la universidad que se acaba de divorciar.

TE PRESENTO A CARO:

- Caro hizo pública en Facebook su ruptura.
- Caro postea fotos de lo bien que la pasa en su vida de soltería.
- Caro sube frases inspiracionales que dicen cosas tipo: «Si quieres a alguien déjalo ir. Si regresa a ti, es porque era el destino. Si no regresa, es porque nunca lo fue».

No nos distraigamos en el perfil de Caro. Tú ya andas pensando en el Héctor más de lo normal, se te prende el bollo, y pues se lo propones a tu pareja y tu pareja te dice que va. Abren la relación.

LO MÁS IMPORTANTE ES DEJAR ACUERDOS CLAROS

- Quién sí.
- Quién no (exes, amigos, familia).
- Dónde y cuándo (siempre, una semana sí y una no, solo si están de viaje).*
- Por cuánto tiempo.

*¡Uff! Eso de alinear agendas ha de ser todo un tema.

Porque ante todo la honestidad, hija. Si lo vas a hacer, hazlo bien, de frente y con huevos. Lo importante o interesante (no sé si sea la palabra) es saber qué buscas en la nueva persona. Tal vez sea un tema meramente sexual o una fase que quieres experimentar con alguien más fuera de tu relación.

Si ya lo hablaste con tu pareja y está de acuerdo, hay que trabajar en la culpa porque, ¡ah, cómo puede ser posible que una mujer ande con otros mientras tenga compromiso! ¡HEREJE! Claro que se va a juzgar más a las mujeres, *obviooooo* porque pinche patriarcado culey que viene a decirnos cómo debemos ser nosotras, y ante los ojos de la sociedad y el Country Club de Mocholandia ya por fin encontraste al hombre que te va a cuidar, ¡¿para qué quieres a otro?! ¡Atascada!

Recuerda que asumir nuestra vida es ir con todo, vivir bajo nuestras propias reglas, ser libres, y no hay cosa que le asuste más a los otros que una mujer que toma sus propias decisiones. Pero si tú lo hablaste con tu pareja y el otro está de acuerdo, mana, a darle vuelo a la hilacha. Es parte de asumir nuestras decisiones y hacernos responsables de lo que venga. Y si te descubriste poliamoroso, ¡muy bien por ti! Independientemente de que tengas o no pareja(s).

«Romis, ¿tú te aventarías a estar en una relación abierta?». Mira, hija, nunca digas nunca, pero me costaría un trabajo tremendo imaginarme a mi Juanis haciéndole cariñitos a Caro (nuestra imaginaria). No sé... También creo que todas las personas somos diferentes y que cada pareja tiene sus acuerdos. Mi acuerdo es una relación de dos y namás.

Lo que creo que no se vale, y ahí va mi desahogo, es la mentira y el enterarte después de dos años de que tu vato se andaba agarrando a la Caro sin que tú supieras. La traición, el engaño y el saber que tu pareja andaba en otra relación es lo que sí duele, porque recuperar la confianza está perro. En mi pódcast *Sensibles y chingonas*, del que ya te platiqué, tengo un episodio con la psicóloga Marlen Rodríguez, en el que hablamos de cuando te pintan el cuerno y cómo volver a confiar (si es que decides perdonar). Lo puedes escuchar aquí:

Pódcast *Sensibles y chingonas*

Una vez más, nunca digas nunca, pero sí ha de estar perro perdonar una infidelidad y reconstruir la relación, porque eso es lo que sucedió: se desmoronó y ahora hay que juntar las piezas de regreso. Es como cuando se te cae la taza de tu princesa favorita de Disney. Se rompe, obvio hay una reacción, ya sea de enojo o tristeza (¡era tu taza favorita!), y ahora hay que juntar las piezas y pegarlas. No queda igual, faltará un cachito, pero hay que ver si sí sirve o si de plano la tiramos a la basura.

Shit, qué fuerte mi analogía, pero qué cierta es. Tal vez le mande este ejemplo a Ricardo Arjona para que se inspire y escriba una canción llamada «La taza», que hable de una relación que se fue a la mierda por andar viendo hacia otro lado...

En conclusión, ya para no fumarme más (no fumo mota, lo prometo): no hay que andar diciendo qué pasaría si nos pintaran el cuerno, si perdonaríamos o no, porque nunca sabes. «No, Romis, yo sí sé, lo mandaría al caño». Okey, ¿te digo algo? Yo no sé. No sé si perdonaría, no sé porque sí creo que lo que tengo en mi relación es algo muy fuerte, aunque si Juanis anduviera mandándole emojis de corazón a Caro a cada rato, ahí sí, ¿para qué? Una cosa es un desliz y otra es llevar una doble vida. Mejor cortas con la persona en turno y te vas de Romeo con tu nueva Julieta. Duele, sí, un chorro, pero mejor pasar por el dolor que estar en una relación falsa.

Si tú decides perdonar, tiene que haber una conciencia tremenda de lo que implica. Más allá de lo que opinen los demás, perdonar de corazón, en primer lugar, ayuda a no andar sufriendo de ansiedad porque «¿Dónde está Pedro? ¿Por qué no me contesta si le mandé mensaje hace seis minutos? ¿Quién es esa vieja?». Y en segundo lugar, es un proceso que dolerá, pero que, si en realidad hay un compromiso de ambas partes para remendar el daño, valdrá la pena.

«Romis, yo perdono, pero no olvido». Esa frase es más falsa que una bolsa Christian Dior de Chinatown. Ese «pero no olvido» está lleno de pura manipulación, chantaje y reproche. Si no quieres perdonar, se supervale y te aplaudo, pero, por favor, no te amargues la vida empeñándote en hacerle la vida de cuadritos al otro. La única que se va a hacer la vida miserable eres tú.

Tons, aquí te va mi mantra de vida:

HAZTE RESPONSABLE
DE TUS ACCIONES.

Y recuerda: nada es malo, solo hay que asumirlo.

Capítulo 8

Cuando alguien quiere contigo se nota... y cuando no, también

Crecí pensando que los hombres conquistan y las mujeres se quedan esperando en un balcón, con un pañuelo que huele a rosas, esperanzadas de que sea el bueno. «Tu papá se encargó de conquistarme», fue lo que me dijo mi mamá cuando le pregunté a los 5 años cómo había conocido a la Albóndiga (mi papá), y lo mismo veía a todo mi alrededor. Una vez más, los de la acción son los hombres. Nosotras nos quedamos viéndonos bonitas, esperando a que el otro nos elija.

Ya ves que soy bien pinche necia con el tema de la narrativa, pero es que en serio sí nos jodieron y gacho.

Pensemos en las telenovelas (*Soñadoras* siempre será mi favorita, háganle como quieran), y a pesar de que había un chorro de «variedad» a partir de las cuatro, todas tenían personajes similares:

- El galán.
- La pobrecita.
- La villana/ atrapa hombres.
- El malo de Malolandia que se ríe de forma macabra, habla pau-sa-do y dice cosas como «Te voy a hacer la vida de cuadritos».
- La señora mayor tipo Carmen Salinas, que da consejos y le reza a la Virgen de Guadalupe para pedir respuestas.

Con esos cinco personajes, nos armamos una historia chingona donde el galán (¿por qué siguen siendo los mismos de los noventa, solo que con actrices más jóvenes?) conquista a la pobrecita que no tiene ni voz ni voto, generalmente no tiene dinero, es inocente, virginal y cede ante los encantos del güey, pero, ojo, no todo será tan fácil. ¡No! Hay que meterle su salsita, debe haber una culera que se interponga entre su amor, una mujer que enseña mucha chichi, mucha pierna y mucha seguridad. Una mujer decidida a lograr lo que quiere, y pues sí, como el galán es un pelmazo, a la primera cae en los brazos de la villana. Como espectadora una se enoja porque ¡ELLA ES LA MALA Y EL OTRO ES UNA VÍCTIMA!

Ver a ese tipo de personajes, como el de la seductora, nos hace pensar que una no puede ir por la vida diciéndole al otro «quiero contigo», porque de inmediato te va a convertir en una mujer que, a la larga, nadie va a querer. ¿O no te acuerdas que nos dijeron que las mujeres deben ser vírgenes hasta el matrimonio, si no son SUCIAS/ZORRAS? Las mujeres no decidimos. Las mujeres aceptamos lo que nos toque, ¿o crees que nosotras podemos elegir a quién queremos, cómo lo queremos y cuándo lo queremos? ¡NI QUE FUÉRAMOS VATOS! De esos que pueden hacer una sarta de barbaridades con tal de salirse con la suya, que por más que les digas NO, para ellos es un incentivo para seguir luchando, ¡JAMÁS SE DARÁN POR VENCIDOS!

Antes de que te me empieces a enojar por estas jaladas, vámonos por partes:

MITO

- El que persevera alcanza. O sea, sí puede ser que con alguien que no te gustaba al principio después digas «órale, va», pero no es por la cantidad de flores que te mande a tu casa, los chocolates alemanes que te regaló o cómo te interpretó una canción de Camilo, sino porque hiciste clic con esa persona.
- «Le gusto, debería darle chance». No porque le gustes a alguien a huevo te tiene que gustar a ti, por más lindo, tierno o buena onda que sea.

- Si tú das el primer paso, el otro va a pensar que no vales la pena y que eres una zorra/fácil/cazadora de pene. *NOT!*

REALIDAD

- En cualquier relación siempre hay que respetarse.
- Si alguien ya te dijo que no quiere contigo, no hay que intensear.
- Se siente padre que alguien que te gusta tenga atenciones contigo.
- El «que tú, que yo», o sea el ligue, es superdivertido e interesante.

Y sí, a la generación de arriba de mí, o sea a mi mamá y a mis tías, medio les tocó a la antigüita (ya no digan de nuestras abuelas). Se terminaban casando con el que cumplía ciertas cualidades y punto, se acabó. ¡Al altar! Duraban años de relación, pero ese tiempo no incluía ni vivir juntos ni irse de viaje (lo cual considero ESENCIAL para ver si quieres algo más formal con una persona). Era la idea romántica del vamos a vivir juntos para siempre y hasta que la muerte nos separe. Se casaban enamoradas, pero no conocían algo más.

¿Y las decididas?

Nosotras ya estamos en otro pedo, con otras conversaciones, siendo parte de la cuarta ola feminista, aunque los vatos siguen viviendo con sus papás a los treinta y tantos, pensando que las mujeres pueden ser demasiado ____________ (inserte en esa linea lo que usté quiera). Así, el problema al que yo me enfrentaba una y otra vez en mis épocas de soltería era que podía gustarles a los güeyes, pero había pocos que querían conmigo en serio.

No te sientas mal por mí. No es bueno, ni es malo. Es la vida. De pronto en las relaciones hay con quien haces megaclic y otros con los que de plano ni al caso. **La vida de soltera implica besuquearse con un chingo de sapos para ver quién es el mero mero.** Sin embargo, al ser bateada una y otra vez, una empieza a perder la fe y a cuestionarse ¿qué estoy haciendo mal? ¿Por qué nadie me hace caso si soy una tipaza? Claro, como #MujerFeministaEmpoderada quieres tomar al toro por los cuernos de una vez, pero ahí te va otra forma de verlo.

Ante mi sequía de noviazgos serios, mi comadre Hildelisa Beltrán me regaló un libro titulado *Not your Mother's Rules*, del que ya te conté un poco hace unos capítulos. «Es la biblia, comadre, vas a ver cómo después de leer esto, conoces al bueno». Mi coma siempre ha sido ultraintensa y de pronto exagera en algunas cosas, pero dije, órale, va, veamos qué me deja. El libro lo escriben dos señoras de la edad de mis tías y hay cosas superturbo de la Edad Media, pero hubo otras que me hicieron sentido:

- ¿Por qué no te dejas conquistar?
- ¿Por qué quieres tener todas las respuestas luego luego?
- ¿Por qué no dejas que la otra persona haga su chamba?

Ese libro me hizo darme cuenta de que **una cosa es estar abierta a las posibilidades y otra muy distinta desbocarse por el otro.** En el libro lo dicen: sí puedes ponerle toda tu atención pero hasta que sea tu novio; antes no, no se lo merece, ve calando qué tan interesado está en ti.

«EL INTERÉS TIENE PIES».
CUANDO ALGUIEN QUIERE CONTIGO SE NOTA...
Y CUANDO NO, TAMBIÉN.

Piensa un segundo en aquella persona a la que le gustabas, ¿qué hacía por ti?, ¿cada cuánto se manifestaba? Y no sé si tú también querías con él, pero **había un claro interés de por medio.** Se esforzaba. Le echaba ganitas. No tienes que haber estudiado una maestría en Ciencias de las Relaciones Amorosas para saber cuando alguien tiene su atención puesta en ti.

OKEY. SI AÚN NO LO SABES,
AHÍ TE VA:

- Te busca.
- Te manda mensajes.
- Te llama por teléfono (si es mayor de 30, aunque tal vez haya un Gen Z chapado a la antigua).
- Te invita a salir y pone fecha, horario y lugar.
- Se interesa en conocerte.

En el pasado tuve una relación a distancia con un shavo que se llamaba Evan, y aunque no funcionamos como pareja, lo que me dejó el haber andado *long distance* Nueva York/CDMX fue que me demostró que con interés se mueven mares. A él le valía queso tomar un avión de cinco horas con tal de pasar tiempo conmigo y conocer a mi familia. El güey no habla español. Mi papá habla muy poco inglés. Aun así, Evan y mi papá platicaban. Había un esfuerzo de por medio y lo hacía porque él sabía lo importante que era mi papá para mí. Vino a México en múltiples ocasiones y me mandaba mi boleto para ir a Nueva York.

«Ay, Romina, pero el Evan seguro tenía mucha lana». Sí, el muchacho es bastante trabajador, pero mis tías del libro *Not your Mother's Rules* dicen: no se trata del dinero, se trata del esfuerzo.

Obvio después de haber salido con el Evan que vivía lejos y le echaba un chorro de ganas, me sacaba de onda que los güeyes con los que salía acá no pudieran pedir un maldito Uber de la Roma a la Condesa, donde haces diez minutos de camino.

¿A quién le estás poniendo tu atención? ¿Por qué le darías tu energía y tu juventud (aunque suene de tía) a una persona a la que le gustas pero no está interesada en algo más?

«Pero, Romina, hay un güey que siempre me escribe por WhatsApp, me comenta en mis historias de Instagram, le da like a mis publicaciones, pero nunca me invita a salir, ¿qué onda?».

Vamos a repetir juntas en voz alta
(si estás en un lugar público, puedes no hacerlo):
Le gustas, pero no quiere contigo.

Seguramente le pareces hermosa, divertida, inteligente, sexy, lo que sea, y eso, además de que eleva el ego, es padrísimo, pero te tengo una mala noticia: ese vato JAMÁS te va a invitar a salir porque ya le estás dando tu máximo recurso: tu tiempo. Y lo único que el güey ha hecho para merecerlo es levantar el mugre teléfono.

No quieres salir con alguien que sigue la ley del mínimo esfuerzo, porque eso se va a traducir a otras áreas de la relación (si es que prospera el pedo). Quieres que alguien se emocione contigo y tú con él. Que sea interesante y divertido. Quieres experimentar relaciones humanas y de conexión plena.

Si estás okey con ligar virtualmente o incluso tener una relación con alguien que no conoces en persona, está padrísimo. Pero si tú quieres conocer gente en vivo, ignora a esos vatos que hacen el mínimo esfuerzo, porque si te escribe, pero nunca te invita a salir, es probable que lo haga porque le caes bien, pero también porque está aburrido en el tráfico y SIEMPRE LE CONTESTAS.

Yo era así. La que siempre estaba disponible y se emocionaba al mínimo emoji. «¿Qué querrá decir este triángulo azul que me puso en los comentarios? ¿Será que le gusto o no le gusto? ¡Qué misterio!». Y mi respuesta ahí estaba, le podría parecer *hot*, pero le daba hueva salir conmigo, ¡y ni pedo!

¿Sabes qué es lo más valioso que tenemos los seres humanos? El tiempo, y aun así lo gastamos en pura tontería. Me incluyo. Pierdo tiempo en redes sociales, en conversaciones que no me suman (y no porque TODO en mi vida deba ser un *life changing experience*, pero no, mana, ya no estoy para escuchar a gente que me quita mi energía) y ver qué compro en Amazon (por lo general son electrodomésticos porque #señora). A fin de cuentas, el reloj no para de avanzar. ¿Por qué no invertir mi tiempo de manera correcta? Eso incluye a quién le respondo mensajes y a quién de plano no. Tú, que me invitas a salir, y salimos y la pasamos bien, órale, va. Sí te respondo, sí hago tiempo en mi agenda, sí salimos. Tú, que solo me escribes el sábado a las dos de la mañana (*booty call*), que te desapareces tres meses y luego apareces, no voy a estar para cuando se te ofrezca porque, aunque sea solo sexo casual, los dos tenemos que estar de acuerdo, y va a ser cuando yo también quiera.

Eso es respetarse y darse su lugar. Estar disponible para cuando el otro se acuerde de ti: NO. No se lo merece. Debe haber un equilibrio y un respeto al tiempo de las personas. Si el otro no respeta el día, la hora que tú apartaste en tu agenda para verlo y te canceló, no por causas de fuerza mayor, sino porque estaba crudo, cansado o lo que sea, y después no mostró interés ni reagendó, ¡¿para qué?! Olvídalo. ¡No es a fuerza, compa!

Cuando alguien quiere algo, lo hace realidad. Punto. Si no lo hace es porque no quiere, así que no pierdas tu tiempo con vatos que NO QUIEREN CONTIGO.

El interés tiene pies (y huevos)

«¿Qué haces este sábado? Te invito a cenar». Fue el mensaje que recibí de Juan para invitarme a salir por primera vez. Sábado, cena. Definitivamente es una *date*. Sugirió el lugar, aunque me preguntó si quería ir a otro lado. Puso hora y lo hicimos realidad.

No es tan difícil cuadrar agendas cuando las dos personas tienen interés de conocerse. Hasta las personas ocupadísimas encuentran algún momento de su día y de su agenda para ir a echarse un café o un *drink* con alguien que les interesa.

El problema no es que los hombres no quieran comprometerse ni que las mujeres sean muy exigentes. El pedo es que nos da miedo exponernos. Nos da miedo la interacción fuera del celular. Que la otra persona nos diga que no, que en efecto no puede, que va a ver si logra hacer un espacio por ahí de 2029, cuando Elon Musk llegue a Marte en 15 minutos. Nos da pánico incluso preguntarle a la otra persona por miedo al rechazo. Empezamos a complicarnos la existencia porque, ¿quién le pregunta a quién? ¿Quién invita a quién? Si soy mujer,

¿no me veré muy lanzada? ¡Va a pensar que estoy urgida! Pensamos demasiado en lo que va a pensar el otro de mí, y eso nos genera inseguridad.

MI CONSEJO ES:

1. **Si ves que el otro nada más no se anima a invitarte a salir, hazlo tú.** Con un mensaje de: «¿Qué haces el sábado a las seis? ¿Te late ir por un té y así nos conocemos?». Claro que puedes invitarlo a donde tú quieras, pero pon fecha, hora, lugar. Espera a ver qué responde y si hay interés de su parte. Si de plano ya van tres veces que lo invitas y nada más no responde, es que no quiere. Ya está. ¡No quiere contigo, no pasa nada, *next!*
2. **Si la otra persona anda muy intensa contigo, pero tampoco concreta, no quiere conocerte.** Tal vez le gustes, le fascines, vea tus fotos en redes sociales y se le prenda el bollo, pero no va a pasar de ahí. Te va a traer así, ilusionada, y cuando menos te das cuenta ya pasaron siete meses de tu vida esperando una *date* ¡que jamás va a pasar! ¡*Next*, amiga!

Cuando alguien quiere contigo se nota. Después de nuestra primera cita que fue un desastre (ya sabes, mana, la copita y la sed de la mala a veces nos gana), Juan me invitó a salir una segunda ocasión. «Esta semana estoy superocupada, tengo eventos en la noche casi todos los días». «¿Y si el miércoles después de tu evento paso por ti y vamos a cenar?». «Okey». Pasó por mí, fuimos a cenar a un sushi, y en esa cena me di cuenta de que podía platicar padrísimo con él y de que había hartos temas de conversación. Después de que me dejó en mi casa pensé que nos la pasábamos muy bien juntos. Juan me mandaba mensajes; no diario, pero se hacía presente y me invitó a salir la siguiente semana. Era un día entre semana, yo tenía terapia, y propuso: «¿Te parece que me caigas a mi oficina y de aquí nos vamos?». Me acuerdo perfecto que llegué, toqué el timbre y se asomó por la ventana con una sonrisa enorme. Le daba alegría verme, y a mí también. Fuimos al cine, no me acuerdo qué película vimos, y ahí me agarró la mano. ¡LA MANO! Hacía años no salía con alguien que me diera la mano antes de que nos diéramos un beso (¡ups!). Sentí mariposas en el estómago y regresé a mis años pubertos, en los que el mínimo contacto con alguien te vuelve loca. En el transcurso, rumbo a mi casa, le pregunté si era muy borracho o si se metía drogas.

Yo no había tenido los huevos de preguntarle por qué se había puesto hasta las chanclas (también se dice ponerte hasta las manitas, pero ese está más raro, creo), porque pensaba: «Ay, no, qué intensa...». Sin embargo, después recordé que no quería seguir cometiendo el error de quedarme callada, y era mejor que me dijera de una vez si era fan del alcohol o de las drogas; así yo sabría si me interesaba seguir conociéndolo o no.

> **Escúchame bien, mana:** es necesario hacer preguntas; si el otro se ofende ante la mínima provocación, es señal de que corras de ahí porque,

si no puede aguantar una pregunta, imagínate cuando la riegue.

Entonces le dije: «No sé qué pasó el sábado que salimos por primera vez, pero quiero preguntarte si eres muy fiestero o si te gustan las drogas». Juan se puso de color tomate y me respondió que estaba apenadísimo por lo que había pasado, que sí le gustaba tomar, pero que muy normal, que se dormía temprano y que no tenía ningún tipo de adicción. Me dio paz escuchar eso y le creí. Después de cuatro años de relación, jamás lo he visto igual de borracho como en la primera cita, ¿y sabes qué? Qué bueno que se puso así de ebrio, porque es una carta que usaré a mi favor. Es como cuando te toca el comodín del Rummy: si hace algo malo, ¡tarán! ¡No podrá decir na-da!

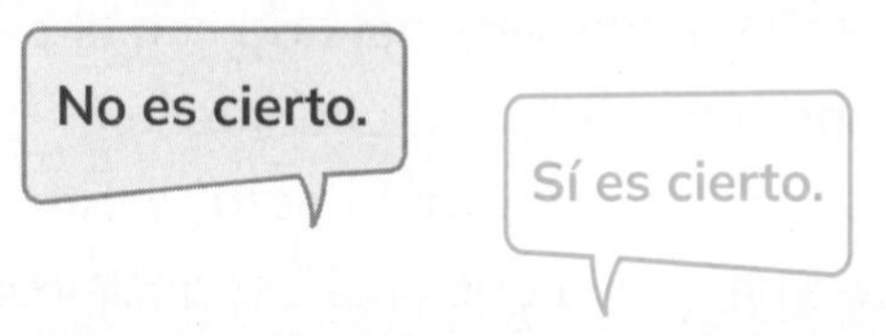

Ya en serio, me aplaudí esa noche que llegué a mi casa porque tuve los ovarios de preguntar y decidir por mí si era lo que buscaba o no en una relación, para que no hubiera sorpresas más adelante.

«Okey, Romis. Me queda claro lo de darse a desear al principio para probar que su intención sea verdadera. Pero ¿qué pasa después? ¿Cómo sabes que la cosa va por buen camino?».

Ahí te va la segunda parte de mi ligue con Juan. Nos vimos otra vez y, al terminar esa cita, me tomó de la cintura y me dio un beso. ¡Ay, qué nervios! Y estuvo delicioso el beso. Y él olía delicioso. Y qué felicidad porque faltaba el beso para irme dando cuenta si jalaba o no, porque un beso dice millones de cosas; si no te gusta el beso o la otra persona huele mal, pues no, mana. Por ahí dicen que el amor entra por la nariz, y creo fielmente en esa afirmación.

Empezamos a salir más formal. Fue al cumpleaños de mi amigo Chava, conoció a todos mis amigos y nunca sentí que estaba siendo intensa. Quería que todo mi círculo lo conociera y ver cómo se comportaba en mi ambiente porque eso es IMPORTANTÍSIMO. **Si el vato solo quiere invitarte con sus amigos, foco rojo y señal de egoísmo. Además, tus amigos tienen un sexto sentido y pueden decirte qué onda con esa persona.** Es tu vida y tú decides, pero que alguien más note eso que tú no ves porque andas emocionada con el pene nuevo, ¡perdón!, el hombre nuevo, ¡es fundamental!

Otra prueba importantísima para revisar si van por buen camino, como te lo adelanté al principio del capítulo, son los viajes. Juan me pidió ser su novia un fin de semana y todo iba fluyendo hasta que nos fuimos de viaje por primera vez. Claro, mana. Porque en ninguna relación todo es miel sobre hojuelas. Lo importante es que lo bueno pese más que lo malo a la hora de hacer el balance. Y que al final, las acciones demuestren que hay interés y compromiso, no mera intención. Ahí te va lo que pasó:

Yo sé que a Juan le gusta bucear y, pues, novia chingona, le dije que por qué no íbamos a celebrar su cumple a Cabo Pulmo, en Los Cabos. Él compró los boletos, yo invité el hotel y nos fuimos cuatro días. Obviamente estaba nerviosa/emocionada. Ir de viaje por primera vez con alguien da dolorcito leve en el estómago, porque en un viaje puedes darte cuenta de qué onda con las personas. Si son un desmadre o un dolor de huevos, si son desordenadas o *freaks* de la puntualidad y el itinerario, si son codas o espléndidas. En fin, iba a ver otro lado de Juan que no conocía.

Para empezar, llegamos al aeropuerto por separado; y yo no es que sea una loca de la puntualidad, pero odio las prisas. Amo correr por deporte, odio correr porque literal se me está yendo el avión. Llegué una hora y cuarto antes, y él apenitas llegó. «Okey, no seas tan controladora. Fluye, hermana, fluye...». Llegamos a Los Cabos y rentamos un coche para irnos a Cabo Pulmo. Mientras el joven de la renta de autos nos explicaba las opciones, sugirió que nos fuéramos en un Jeep, porque el camino es pura terracería. Evidentemente, costaba más que los demás coches, pero pensé que era una buena opción. Juan prefirió un coche compacto y, como él lo iba a pagar, pues yo no dije nada. El camino hacia Cabo Pulmo me dejó con dolor en el coxis de tanto movimiento, peor que la Medusa de Six Flags. Era como subirse a un toro mecánico en medio del desierto con un aire acondicionado mediocre. Dos horas después llegamos al hotel —que estaba espectacular— y decidimos arrancar la vacación. O al menos eso esperaba yo.

Para no hacerte el cuento más largo, Juan estaba trabajando en un proyecto hiperimportante de la chamba, y mientras yo quería que viniera y se acostara a mi lado en un camastro, el otro estaba vuelto loco en llamadas, videollamadas y mandando mails. Resumen de la vacación: estuve sola el 90% del tiempo.

Regresé a México desilusionada. Era el primer viaje que hacíamos y, aunque la pasamos bien, lo sentí ausente y con la cabeza en otro lado. Fui a terapia esa semana, le conté a Diana, y llegué a la conclusión de que no era lo que yo quería. Que a pesar de tener muchísimas cualidades, tal vez Juan no estaba en el momento de su vida para tener una relación. Estaba ocupadísimo y quizá no era su prioridad estar conmigo. Salí de terapia convencida de que debía hablar con Juan y terminar nuestro corto noviazgo. Aunque doliera, yo no iba a forzar absolutamente nada.

Hablé con él.

—En el viaje de Cabo Pulmo me dejaste muy claro que estás ocupadísimo, que tu trabajo es tu prioridad y, como no quiero cambiarte, prefiero ser tu amiga.

—¿Cómo? —preguntó Juan, sorprendido.

—Sí, me hubieras dicho que estabas a *full* de chamba y tal vez nos hubiéramos ido en otro momento. Pero respeto que tus proyectos sean tu foco en este momento. No quiero tener de pareja a un *workaholic*. Mejor sigamos saliendo como amigos.

—Pero yo no quiero ser tu amigo... Perdóname, te pido una disculpa y te pido por favor que me des la oportunidad de demostrarte que sí me interesas y que sí quiero estar contigo.

¿Te digo algo? Jamás me esperé que él fuera a reaccionar así. Pensé que iba a decirme algo tipo:

- Pues así soy.
- Si no te gusta como soy, ni modo.
- ¡Ya me voy a checar mis mails, vieja intensa!

Habló conmigo, me explicó que estaba muy presionado con ese nuevo proyecto y que iba a cambiar. «Tú observa, si dice algo, pero actúa de otra manera, el cambio no es real», es un gran consejo de Diana, mi terapeuta. Por más ocupado que estés, si te importa una persona harás lo que sea por ella. Y en efecto, Juan lo hizo. Y me lo sigue demostrando día con día.

No estoy diciendo que ahora como estás con alguien tienes que demostrarle cada 15 minutos que te importa, que estás ahí todo el tiempo para la persona, que tú giras alrededor de su vida.... No. Eso tampoco es sano y **jamás quieres a alguien que no tiene vida y toda su atención la pone en ti. Qué horror. Pero sí quieres saber que es incondicional y que hay compromiso de por medio.**

La gente puede decir letanías de cuánto te quiere y cuánto le importas, pero para mí no hay nada más claro que las acciones. Si alguien dice algo, pero hace otra cosa, no es una persona de confianza porque confunde y frustra, así que la ÚNICA manera de ver cómo le interesas al otro es por medio de su actuar.

> No hay necesidad de sufrir.
> Te lo prometo. Yo sí creo firmemente
> que **cuando alguien o algo es para ti,**
> **todo fluye.** Las puertas se abren.

He estado en relaciones tan podridas que hoy que estoy con alguien que me brinda tranquilidad y paz, pienso: ¿por qué lo permití? ¿Por qué se me hacía normal estar con alguien a pesar de que nos hacíamos tanto daño? ¿Por qué creía que eso era amor?

Quiero invitarte a que hagas este ejercicio, en serio. Toma lápiz y papel, y escríbelo. Reflexiona sobre cómo han sido tus relaciones, qué has permitido, que te ha hecho sentir menos, cómo te has tratado tú cuando empiezas a relacionarte con alguien. De dónde viene tu necesidad de «aguantar».

A mí me dijeron que «las relaciones no son perfectas y a veces una debe aguantar». Sí, las relaciones no son perfectas y hay que aprender a comunicarse asertivamente, a negociar y a cumplir acuerdos; pero de ahí a tener que soportar estar en una relación se me hace muy canción de Yuri: «Detrás de mi ventaaaanaaaaa veo pasar la mañana, en la espera de la nocheeeeeee me destapo el escoteeeee para que esto te provoque tu fallida ansiedaaaad». ¿Aguantar? ¿Aguantar qué? ¡No chinguen!

Linda vs. cabrona

Tengo una amiga llamada Ofelia que es una tipaza, guapísima, exitosa, trabajadora. Anduvo soltera un ratote y cuando conoció a su novio, Ramiro, supo que era el amor de su vida. Ramiro también le dijo que ella era el amor de su vida, pero había un pedo de por medio: él se estaba divorciando.

Ofelia, desde que éramos pubertas, ha sido una persona cursi y enamoradiza, fiel creyente de que el amor todo lo puede y que cuando alguien *ama de verdad* lucha hasta el final. Por lo mismo, es extracomprensiva y ha habido múltiples ocasiones en las que ella se pone en segundo plano por él y por sus problemas con la ex. Cada que él tiene un pedo, ella encuentra la manera de justificarlo.

Ya sé que es la relación de mi amiga y que a mí qué chingados me importa, ¿verdad? Pero es muy común que existan mujeres que se desviven por el otro, dan todo, son las lindas. Y, por lo general, esas mujeres TAN BUENAS son a las que peor les va. ¿Por qué los hombres son así de cabrones? No creo que sea un tema de género, es más bien que ser el tapete, seas lo que seas, no está chido.

> **Dar, dar y dar no viene desde el amor, como nos hicieron creer. Viene desde la carencia.** Te doy todo lo que tú necesitas para que TÚ me quieras de regreso.

En mi libro *Lo sensibles no nos quita lo chingonas* hay todo un capítulo en el que hablo de las lindas. No te lo voy a contar todo aquí (si no qué chiste), pero **hay una diferencia enorme entre ser buena persona y ser «la linda».** Las lindas son estas mujeres que van por la vida poniéndose estrellitas de buen comportamiento en la frente, diciéndole a la gente lo que quieren escuchar, quitándose el bocado de la boca para que los demás coman. Son las hipergenerosas. Aquellas que dicen que sí a todo y a todos. Las que se desviven por los demás.

Te recomiendo un libro buenísimo, se llama *Hiperagotadas,* de Emily Nagoski y Amelia Nagoski; en él, justamente se habla de estas mujeres hipergenerosas y de lo cansado que es porque, ¿qué crees? ¡Jamás le vas a dar gusto a nadie y nunca será suficiente! Nos dijeron que ponernos delante de la fila era ser egoísta, que debemos ver siempre por los demás y que nuestro rol como mujer es ser bondadosas y tiernas. Las buenas del cuento. Pero todo eso que te acabo de mencionar viene de una narrativa patriarcal absurda.

A Ofe, por ejemplo, le cuesta mucho trabajo preguntar *qué onda* por miedo a que Ramiro la tache de intensa. Por eso cede a todo lo que él quiere y como él quiere. Toda la relación se basa en los problemas de Ramiro, y él, en el año y medio que llevan juntos, jamás se ha puesto ni cinco minutos en los zapatos de ella. (Algo que siempre ayuda a entender al otro es voltear la situación, y apuesto que Ramiro ni de pedo sería tan comprensivo con mi amiga si ella fuera la que se estuviera divorciando).

Si tú estás pasando por algo similar a lo que vive mi amiga Ofe y estás okey con la situación, es tu vida y tú vivirás la experiencia. Yo solo expongo el ejemplo porque **en una relación no es lo que uno quiere o lo que la otra persona quiere, sino qué es lo mejor para ambos. Es encontrar el punto medio.**

En la relación de Ofe y Ramiro no hay balance. Es más, el otro no le había dicho a la exesposa que estaba saliendo con mi amiga porque «se iba a armar un problemón». ¿Por qué ocultarías a una persona con la que se supone eres feliz? Claro, Ofelia *lo entiende,* porque lo que menos quiere es causarle más problemas y le URGE que se divorcie.

Decir que sí a todo no es significado de amar incondicionalmente a la otra persona; es, perdón por mis palabras, comer un platito de popó. (*Sorry*, pero se tenía que decir y se dijo). **Puedes amar a alguien y aun así poner límites, poner fechas.** ¿Hasta cuándo debes de entender al otro? ¿Hasta cuándo tienes que aguantar que el otro oculte la relación? ¿Por qué no cerrar el ciclo con la ex? Yo ya me metí de lleno al pedo como si fuera mío, pero me caga ver a Ofe siendo la linda, la buena, la comprensiva, la que sonríe a pesar de sentirse frustrada, desplazada y poco valorada. Ofe no me lo dice, pero yo sé que no es feliz, porque ¿quién va a ser feliz con alguien que la pone en segundo plano, sobre todo cuando ese no es el acuerdo? El Ramiro (¿ves cómo mi enojo va escalando?) le dice una cosa, pero hace otra. Eso genera confusión y pone la relación en desbalance.

> Ceder una y otra vez es no ponerte como prioridad y, aunque estés en una relación, **SIEMPRE debes ser la primera en la fila,** y no, mana, no eres egoísta. Egoísta la otra persona que solo ve por ella misma, por sus problemas, y que todo gira en torno a «tienes que entenderme».

OKEY, SÍ, PERO ¿HASTA QUÉ PUNTO?

Obviamente yo no tengo la verdad absoluta, lo que sí sé es que **si tú no te respetas, el otro no te va a respetar.** «Ay, pero es que yo le di todo porque lo amaba...». Sí, mana, yo también he dado todo porque estaba enamorada y terminé jodida porque esa persona no estaba en el momento físico ni emocional, para recibir mi amor. Y hay personas que después de que no reciben el amor que dieron, terminan lastimadas y jugándole a la cabrona.

«Para cabrón, cabrona y media» es un dicho bastante popular aquí en mi tierra, y, para ser honesta, se me hace una reverenda tontería. Si vas a llegar a ese punto de tu relación, ¡qué perra flojera! Una relación no se trata de ver quién gana, o quién friega más al otro; si llegas a ese punto en el que todo se convierte en una competencia para ver quién es el más cabrón, mi consejo sería: sal de ahí y busca terapia.

EN UNA BUENA RELACIÓN, NO COMPITES: SON EQUIPO. AYUDAS AL OTRO. ERES HUMILDE Y TE MUESTRAS VULNERABLE.

Esto implica pedir perdón y aceptar cuando la cagaste. ¿Es fácil? No. ¿Se siente bien aceptar que la regaste? A mí me caga, la neta. Tengo un lado orgulloso y maldito que sale cuando me siento lastimada, pero he aprendido; al menos eso me ha enseñado Juan, que todo se puede solucionar hablándolo, y que mientras más rápido lo hablemos y lo discutamos, más rápido volveremos a estar bien, como antes.

El otro no es tu enemigo, y si lo ves como competencia, tal vez sea la mejor oportunidad para echarte un clavado en tu interior y entender cuáles son esas heridas que no has sanado. **Hasta que no sanes, no llegará una persona que realmente esté contigo porque te quiere y no porque te necesite.**

Capítulo 9

A mí me gustan mayores, de esos que llaman señores / A mí me gustan menores, de esos que llaman embriones

Como te conté hace unos capítulos, los lunes dentro de mi Instagram hago una dinámica llamada #LunesDeConcierge, durante la cual la banda me pregunta cosas, desde qué champú uso y de qué marca son mis jeans, hasta cómo saber si el vato quiere con ellas. Y la neta, 95% de las preguntas giran alrededor de las relaciones. ¡Me siento superhonrada y agradecida de que mi comunidad me tenga la confianza para contarme sus problemas y que me vean como alguien que puede guiarlas por el camino del amor, el respeto y la autenticidad! Como resultado de esa dinámica de preguntas y respuestas, no solo decidí escribir este libro, sino tocar el tema que leerás en las siguientes páginas, ya que, *believe it or not*, la diferencia de edad es de los temas más populares de los #LunesDeConcierge

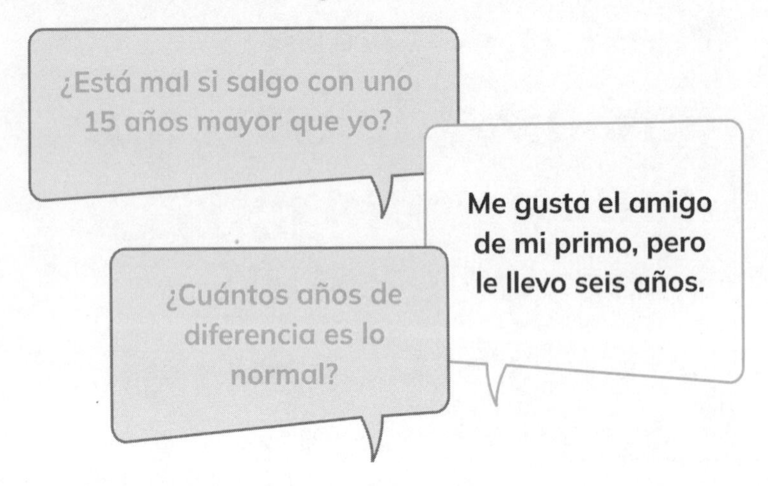

«Que te lleven tantos años no jala. Piensa en ocho años como máximo», es lo que me decía mi mamá (a quien, como te dije, mi papá le lleva 11 años; vivillo el don). Y aunque mi mamá hable desde su experiencia (y un divorcio), lo que yo creo es que **no existe ninguna regla sobre las edades en el amor.** La mayor diferencia con alguna de mis parejas ha sido de ocho años, y la menor, de cinco (ya sé, casi ni cuenta), en ambos casos siendo ellos más grandes. Pero lo viví con mtis papás, con otra gente a mi alrededor, y la neta, establecer parámetros rígidos de diferencias etarias está cañón, pues cada relación es diferente y tiene lo suyo.

Lo que sí veo cada vez más claro desde que empecé a clavarme en el tema feminista es este *fucking* estándar de un hombre mayor con una chavita, y cómo se contrasta con los casos de una señora con un jovenzuelo.

Acompáñame a ver cómo funciona la narrativa patriarcal:

Hombre que sale con una más chica	Mujer que sale con uno más chico
• Lo normal. • Tiene experiencia. • ¿Por qué saldría con alguien de su edad o más grande, si puede salir con la de 22? • Padrote y chingón. • El más aplaudido de sus amigos.	• Cougar. • Desesperada. • A los demás les da lastimita que la ñora no pueda conseguir a alguien de su edad. • De seguro él la quiere solo por su dinero. • Podría ser su hijo. ¡Señora ridícula!

Lo peor es que, en el caso del hombre mayor, también juzgan a la mujer joven y la tachan de interesada, de tener *daddy issues* y de ser su novia trofeo. Las ideas machistas SIEMPRE pegan por todos lados.

Vayamos por partes...

Cougars #grr

El graduado es una película icónica protagonizada nada más y nada menos que por Dustin Hoffman, de esas clásicas que, si no has visto, te la recomiendo. En ella, el personaje de la señora Robinson, una mujer mayor, seduce al novio de su hija (el señor Hoffman) y pues el chaval se deja. Pa' hacerte el cuento corto, de ahí surge todo este mito alrededor de las mujeres mayores que buscan piel joven. Además, a partir de esta historia, se desató una fantasía de que los chavitos se quieren agarrar a señoras por «la experiencia», situación que ha permeado en todos lados. El poeta/cantautor/ser de luz Ricardo Arjona habla en la canción «Señora de las cuatro décadas» de cómo una mujer madura tiene lo suyo; Luis Miguel, por otro lado, en «Por favor, señora» batea a la doña Caldufa que lo quiere seducir y él le dice que «por fa, no», y que «odia las perlas»...

Como soy una investigadora profesional del porqué de los fenómenos sociales (la neta no, pero soy recuriosa) me di a la difícil tarea de buscar en internet. Tecleé «*cougar* qué es» en Google y me salió esto:

> *El término* cougar *(en español mujer-puma, o mujer puma) es una expresión del argot inglés para definir a las mujeres que buscan una pareja más joven. Se establece un paralelismo con el mundo animal; es decir, con la caza de hombres más jóvenes por parte de estas mujeres, con años de diferencia.*

En otro artículo leí que las llaman «depredadoras». O sea que Luismi estaba en lo correcto (es sarcasmo). #BaiaBaia

Claro que le di clic a las imágenes y sale Jennifer Aniston con John Mayer, Belinda y Nodal, Jennifer Lopez y su exbailarín al que le llevaba veintitantos añitos; Madonna, Demi Moore, Kate Beckinsale, Kim Kardashian, Sofía Niño de Rivera... O sea, harta mujer chingona ha preferido salir con más jóvenes y la neta, la neta, la neta, así que yo las vea como «pobrecitas, no se pueden coger a un señor de su edad», no creo. Pero no hay que olvidar la narrativa patriarcal:

- Las mujeres no deciden.
- Las mujeres llegan a una edad (30 años) donde empiezan a devaluarse.
- Las mujeres sexuales son malas.

Y como todes tenemos un machito internalizado y «¡Cómo! Si ya se les está yendo el tren», vemos como desesperadas y tontas a las que salen con hombres más chicos y las juzgamos como sociedad.

Cuando Sasa mi ex *roommate* y amiga de Nueva York me dijo que estaba saliendo con uno cuatro años menor que ella, me shockeé. ¿Por qué querría salir con él y sus amigos que fumaban mota de un bong, pues no podían ir a un bar al tener apenas 20 años? Se me hacía super *loser* la situación, la neta. Sasa al principio pensó que sería meramente sexual (porque también existe todo este mito de que los hombres más jóvenes quieren darle todo el día), pero, para sorpresa de todes, terminaron durando casi cinco años, durante los cuales fueron felices la mayor parte del tiempo.

Hoy lo veo totalmente normal, y años después le pedí perdón a Sasa por haberla juzgado. Al final, era su relación y la del puberto. #bromi **Los dos sabían muy bien qué estaban haciendo y al final eso es lo que cuenta.** Sea meramente sexual o sea una relación más formal, es la relación de esas personas.

> Mi consejo para ti,
> si quieres salir con uno más chico,
> es **que te valga gorro**
> **lo que opinan los demás;**
> mientras sea mayor de edad,
> no hay pedo.

Triste, pero cierto: andes con quien andes, te cojas a quien te estés cogiendo, la gente siempre va a opinar. Aquí, como en todas las otras situaciones, hay que saber a quién le cuentas las cosas, y claro, aprender a mandar a volar a las personas que de plano opinan aun cuando nadie les dio voz ni voto.

Jamás le mientas a los demás, está de oso que si sales con uno de 23 a tus amigos les digas «Ay, es que Richie tiene 26». ¿Para?

LOS PREJUICIOS SON DE ELLOS.
LOS DE LAS CREENCIAS SON ELLOS.

Sería muy tonto de tu parte (*sorry*) dejar de salir con alguien que sí te gusta solo porque tus amigos te friegan con que sales con un escuincle. Y es que, aunque le llevaras

25 años al chaval, ¡qué coños les importa! Es importantísimo aceptar la realidad y no querer cambiarla. Ni él a ti, ni tú a él. Si ustedes son felices, eso es más que suficiente.

En todas las situaciones siempre hay de dos sopas:

a) Lo asumes.
b) Dices «no gracias, no es para mí, adiós».

Las dos son válidas. Lo que no se vale es que el tema de la edad sea un pedote, porque ya sabías desde el principio a lo que te enfrentabas y es algo que no puedes cambiar.

COSAS A TOMAR EN CUENTA CUANDO SALES CON UNO MÁS CHICO:

- **El desmadre.** En mis veintes eché demasiada fiesta y era lo único que me importaba. Y, por lo general, a la banda de esa edad pues le gusta el cotorreo, el antro, el evento social.
- **Independencia.** Es probable que aún siga viviendo con sus papás o recién se haya salido de su casa para vivir con cuatro *roommates*.
- **Temas de lana.** Apenas está empezando, dale chance, no puedes exigir demasiado si apenas y le alcanza para sus chicles.
- **Los amigos y las amigas.** Son más chicos que tú y está bien, pero solo considéralo

porque no se vale que solo convivan con tus amigos.

- **Experiencia.** Puede ser que esté vividito, pero la edad sí te da callo para afrontar ciertas experiencias.

Esto aplica en tooooodos los casos, pero **si hay algo que no te checa desde un inicio, hazle caso a ese instinto,** porque tampoco se vale entrarle a una relación pensando que «vas a sacar al escuincle de casa de sus papitos lindos» o que «tú lo vas a empujar a que trabaje más para que tenga más dinero». Eso no funciona. Es tu pareja, no tu hijo.

> Acepta su realidad y la tuya, y si de plano no funciona porque están en cosas diferentes y quieren cosas diferentes, no pasa nada. **Al menos lo intentaste.**

Salir con un hombre mayor

Nunca me han llamado la atención los señores. Nunca. Es más, me da ñáñaras solo de pensar en agarrarme a alguien que parezca mi tío, pero esa soy yo; respeto que tu fantasía sexual sea George Clooney, Barack Obama o el italiano ridículo que usa tangas y baila en Instagram. En gustos se rompen géneros, nada más que a mí no me late, prefiero carne fresca.

A los hombres mayores que salen con más jóvenes se les llama rabo verde. Lo cual creo que es un gran nombre para el día que tenga una verdulería y tiendita con productos orgánicos y locales. En Google dice que un rabo verde es:

> **Hombre al que le gustan las mujeres más jóvenes.**

Así namás. En la descripción de *cougar* le echaron ganas, pero aquí, directo al grano.

Y ES QUE HAY DOS CASOS DEL RABO VERDE:

1. **El de mi amiga Fer.** Desde que íbamos en secundaria / prepa, a mi amiga Fer le gustaban más grandes, de que diez o 15 años de diferencia. Señores, pues. A los 26 se enamoró de su jefe (17 años mayor), divorciado, con hijos. Al principio, todes pensábamos que no iba a durar, que seguramente era algo pasajero y que él se la iba a chamaquear. Este año cumplen diez años juntos, tienen una bebé hermosa y son muy felices. Ellos son una historia que viene a romper el mito de que un don mayor ya no quiere compromiso o solo quiere aprovecharse de la jovencita (decir jovencita es MUY de mi tía Flori).

Seguro tienen sus pedos, pero ¡qué pareja no los tiene! Yo le aplaudo a Fer y a su esposo que no le hicieron caso a lo que decían los demás. Qué hueva que en pleno siglo XXI la gente siga opinando sobre las relaciones de los otros. **Mientras haya respeto, amor, química, plan de vida, va a funcionar.** Esto último es importante, porque obvio al salir con uno más grande (a menos que corras con la misma suerte que yo, que conocí a Juanis a los 39 sin exesposa y sin hijos) es probable que tenga su historia, pero eso no debería ser un impedimento.

2. Este merece un apartado completo: el *sugar daddy*.

Sugar daddies

Los *sugar daddies* son estos señores mayores que tienen harto billete y están dispuestos a gastar su dinero, invitar de viaje o comprarles bolsas a damitas a las que les doblan o triplican la edad. Te sorprenderías lo que pueden pagar estos millonarios con tal de salir con una jovencita (amo decir jovencita). Ahora sí que aquí todo depende del acuerdo que tengan, pero sé de alguien que tenía un *sugar* que le pagaba setenta mil pesos al mes, y todo lo que ella debía hacer era ir a comer con él los jueves. Según esto, no había sexo de por medio.

Un amigo bastante cercano me contó que él estaba inscrito en un sitio llamado Seeking Arrangement, que ahora se hace llamar simplemente Seeking. La página lo deja todo clarísimo: entras y se ve la imagen de una joven rubia con un señor canoso en sus cuarenta y tantos. Entonces se divide en dos secciones: «Exitoso(a)» y «Atractiva(o)». El primero es para los hombres que buscan (como dice en el sitio) «millones de posibilidades, citas redefinidas y relaciones ideales que se ajustan a un ajetreado estilo de vida». Y el segundo es para las shavas: «Encuentra lo que quieres, sal con los de élite», o sea, personas bien establecidas que sepan cómo tratarte (y con harta lana) «y vive la vida al máximo», y aquí sale como ícono una bolsa de regalo. La página es Seeking.com/es, por si te interesa a ti o a una amiga.

A los hombres les cuesta cien dólares al mes y a las mujeres cero, cual *cover* de antro. Si eres mujer armas tu perfil y dices qué buscas, si lana o solo que te paseen, te regalen cosas o incluso que te paguen la universidad. Sí, hay muchas que buscan eso en un *sugar*, que el señor les patrocine los estudios. Los hombres ponen en su perfil desde estatura, peso, rasgos físicos, etnicidad, hasta qué buscan. Mi amigo viaja un montón al mes a distintos lugares del mundo, así que con ayuda de Seeking concretaba citas para invitar a las chavas a cenar, a conciertos o lo que a él se le ocurriera.

Tengo sentimientos encontrados con todo el tema de los *sugar daddies* y las *sugar babies*. Por un lado, veo que está perfecto que una mujer pueda decir abiertamente lo que busca, SEA LO QUE SEA. Y si lo que ella quiere es lana por echarse al don, está perfecto, **siempre y cuando sea lo que ella quiere.** El pedo es que veo poco probable que los hombres respeten los acuerdos si ellos son los del dinero; porque es horrible, pero «el que paga, manda». Y la neta, el tema de los *sugar daddies*, desde mi punto de vista, se relaciona mucho con objetivizar a la mujer.

Yo no estaría dispuesta a tragar popó de un señor por más que me llevara de vacaciones el verano a Saint-Tropez y tuviera colgando de mi brazo la última bolsa Chanel. Si tú quieres intentarlo, adelante. Solo asegúrate de que todo quede superclaro desde un inicio, que sea lo que sea que tú quieras, y nunca jamás hagas algo con lo que no te sientas cómoda. Cuéntales a tus amigos quién es el señor, qué hace, lo que tengas de información. **Más vale ser desconfiada a que después vaya a pasar algo malo.**

Y, una vez más, tu decisión es tu decisión, y que nadie opine nada sobre eso.

Casados que andan de pito loco

¡Ah! Olvidé mencionar a un tercer tipo. Aunque ya lo abordamos en un capítulo destinado al tema, en mi #LunesDeConcierge también se sinceran y me cuentan que andan dándole con un casado, que qué prosigue. No soy santa Romina de la Inmaculada Concepción (mana, ya sabes todo lo que he pasado y lo que aprendí gracias a ello), así que lo que leerás a continuación no viene de un lado mocho o recatado, sino del respeto.

Sé que el del compromiso es el otro y que a ti qué, pero tú te estás metiendo en una relación que no es tuya.

Y más allá de que esté mal en cuanto a lo moral, tristemente la única que va a salir perdiendo en esto vas a ser tú. Lo podemos ver con el caso más famoso de los últimos treinta años: Bill Clinton y Monica Lewinsky. Si no sabes qué onda con la historia, ahí te va:

Bill Clinton era presidente de Estados Unidos, y Monica Lewisnky, la becaria en la Casa Blanca. Clinton en aquel entonces tenía 49 años y Lewsinsky 22. Lo que empezó como un coqueteo terminó en que se dieron un beso y el señor le dijo que estaría en su oficina, por si quería caerle después. Estuvieron en el jijijijajajá por dos años. En el inter, Clinton fue acusado de acoso por parte de Paula Jones, una exfuncionaria estadunidense; la gota que derramó el vaso fue que Monica le confesó todo el pedo de su relación a Linda Tripp, quien era su amiga y también trabajaba en la Casa Blanca, y la culey grabó las conversaciones. Así que comenzó una investigación por parte del FBI y a Monica la lincharon socialmente, tachándola de golfa, zorra, puta, la escoria de la humanidad.

El Bill lo único que hizo fue hacerse la víctima (hombre blanco con poder), diciendo que él «no había tenido relaciones sexuales con ESA mujer». Ni por su nombre la llamó.

Los hombres no pueden aguantar su instinto sexual, nos dijeron. A la única que tacharon de golfa, zorra, rompe hogares, fue a Monica Lewinsky. Al señor Clinton lo dejaron como el pobrecito al que lo sedujo la becaria. ¡Esa fue la narrativa! Hay dos libros que te superrecomiendo: *Trainwreck*, de Sady Doyle, y *90s Bitch*, de Allison Yarrow; en ambos explican el linchamiento social que sufrió Monica.

Porque, claro, él era un pobre hombre cuya esposa (Hillary) trabajaba demasiado y no lo atendía. Obviamente rechazo esta idea de que se le vayan encima a la mujer y no al güey, pero mientras existan nociones atrofiadas como estas, las únicas que tenemos un chorro que perder en una situación así somos nosotras.

Sé que hay un tema con sentirnos importantes cuando alguien nos presta atención, pero siempre hay que pensar en que **cada acción tiene una reacción y parte de ser adulto es hacernos responsables de lo que hacemos.** Si este ñor que te está bajando el sol, la luna y las estrellas te encanta, te fascina, te pone a pensar en cosas sucias, pero está casado, piensa en qué tanto vale la pena el tiempo que dure la calentura. «Pero, Romina, ¡que emocionante!». No vas a pensar lo mismo cuando la esposa se entere.

Mi amiga Do conoció a Julian en el trabajo. Él estaba casado y al principio ella no cruzó la línea, pero después Julian le echó el cuento de que su esposa lo trataba pésimo, que hacía tres años no tenían vida sexual, que ya se iba a separar, etc. El teeeeepeco choro. Ella cayó, empezaron a tener su aventurita, la esposa los cachó y le mandaba mensajes turboagresivos por Instagram insultándola y deseándole lo peor. La esposa hizo público el cuerno en Facebook y Do no sabía ni en dónde meterse.

¿En serio vale la pena la calentura? Digo, a lo mejor la esposa no se entera y pues chingón, pero, aunque lo mantuvieran en secreto, ¿por qué querrías ser la otra? También sé que hay algunas a quienes les encanta el *rush* de lo prohibido, del secreto, etc. Tere Díaz en su libro *¿Por qué* *nos mentimos si nos amamos?,* que lo superrecomiendo, habla de cómo a la mente le mama hacerse historias de fantasía y romance alrededor del tema de los amantes. No te voy a negar que a mí me fascinaba. Cuando traía mis ondas con Nate y él tenía novia y yo tenía novio, era pura adrenalina. Pero hoy, con todo mi trabajo personal, con lo mucho que me quiero y me respeto, con mi nivel de conciencia, no voy a hacer algo que me ponga en una situación de peligro.

{ **Amarte es cuidarte,** darte lo mejor, ponerte delante de la fila, no permitir que alguien te use para su propia conveniencia. }

Ahora, si el casado en cuestión está en una relación abierta, es otro boleto. No sé si yo me metería ahí, aunque la esposa lo supiera, pero al menos no es un engaño y los demás saben qué onda (como ya lo vimos en el capítulo 7).

Si está casado y te echa choros de que se va a separar, y en realidad es un güey que te importa, que se separe primero, que se divorcie y después ves. Por más lindo, caballeroso y amante sensual que sea, tiene esposa, y si se lo hizo a ella, te lo va a hacer a ti en algún punto.

NO QUIERES EMPEZAR NINGUNA RELACIÓN CON TANTO CAOS DE POR MEDIO.

Ahora, tampoco nos hagamos las que solo los hombres casados son los que andan ahí de calenturientos. No, *madame*, también hay algunas mujeres que andan búsquele que búsquele caricia ajena. O sea, el tema de la infidelidad no es exclusivo de hombres casados; lo que sí explica Tere Díaz en su libro es que la mayoría de las mujeres involucran un tema emocional con el amante. Lee su libro y luego me dices qué opinas.

EN POCAS PALABRAS...

Lo más importante es (*back to basics*) tener clarísimo qué quieres tú y ver si el otro quiere lo mismo. «Pero, Romina, ¿cómo sé qué quiere el otro?». Muy fácil, vas con una vidente y le preguntas. ¡Obvio no! Te agarras tus ovarios y tienes la plática incómoda que nadie quiere tener porque #intensa, pero ni pedo. «Oye, George (Clooney), tú ya tienes unos gemelos, ¿estás pensando en tener más hijos? ¿Te gustaría casarte otra vez? ¿Invitarme a tu casa de Lago di Como?», o «Harry Styles, ¿te ves en una relación formal en el futuro?».

Yo platiqué con Juan el tema de los hijos a las dos semanas. ¿Intensa? Sí y no. En aquel entonces yo tenía 33 años y Juan 39. Son pláticas que debes tener cuando eres adulto y quieres algo serio con esa persona. Tal vez en ese momento no sepas qué quieres o adónde va, y está perfecto. No debes tener todas las respuestas luego luego. Yo las quise tener porque Juan me gustaba un chorro, y si me salía con que quería ser papá en un año, pues para qué.

Yo ya no quería salir con alguien que tuviera fecha de caducidad, pero esa soy yo.

SER ADULTO IMPLICA PREGUNTAR:

- Qué quieres de la vida.
- Qué buscas/esperas de esta relación.

Todo es válido. Lo que tú quieras y lo que él quiera, y a partir de eso van a llegar a acuerdos, y esos acuerdos deben cumplirse.

¿Funcionará? ¿No funcionará? ¡No lo sabemos! Pero sí creo que no salir con alguien solo por su edad es una reverenda tontería. **Si te cae bien, los dos están solteros (importantísimo) y hay química, ¿por qué no? Tú mereces tener tu propia historia y tu propia experiencia.** Jamás te pierdas de vivirla solo por lo que te han dicho los otros o por las historias que te contaron. Que no jaló, ¡no pasa nada! Hay tantas personas en este mundo, que cuando tú te abres a las posibilidades, el universo/Dios/en quien tú creas te va a poner a la persona indicada para tu evolución. A mí me gusta pensar eso, que atraemos a quien viene a enseñarnos cosas, y quien no, es que no debía caminar a nuestro lado.

Capítulo 10

Lo que es estar en una relación

Entre más analizaba las relaciones de las personas a mi alrededor, más me convencía de que yo no estaba hecha para andar con alguien. «Eres muy exigente. Eres muy difícil. Si estás tan enfocada en tu trabajo, lo veo complicado». Era lo que me respondían algunas personas cuando yo les decía que no me interesaba tener novio.

Me cansé de tener que bajarle tres rayitas para que el otro me aceptara. Se me quitó la ansiedad de querer conocer a alguien, porque esa era yo: la que iba a un antro o a una fiesta o adonde fuera con la esperanza de que chance aquel día llegaría mi futuro güey. Simplemente me rendí ante la situación y, como ya te he contado a lo largo de estas páginas, estaba feliz siendo mi propia pareja.

HASTA QUE LLEGÓ JUAN Y CAMBIÓ TODO.

Para empezar, quiero aclarar que durante el primer año de mi relación hubo momentos en los que estaba muy angustiada y ansiosa, y no porque Juan hubiera hecho algo malo, sino porque yo estaba aterrada, apanicada de haber conocido a alguien que no tenía nada que ver con los hombres de mi pasado. Juan no me la armaba de pedo por absolutamente nada, no se enojaba si tenía amigos hombres, respetaba mi tiempo y mi libertad... Juan era una persona feliz.

Si alguien de Noruega o de algún otro país escandinavo leyera esto, pensaría que me tenían sometida en mis antiguas relaciones; sin embargo, sucede que vemos tan normal un montón de cosas que NO SON NORMALES, como el control, por ejemplo; entonces **cuando llega alguien que te trata bien y que te quiere por como eres, en vez de ser feliz y agradecerle al universo, te frikeas.** ¿Cómo algo tan bueno llegó a mí? ¿Realmente me lo merezco? ¿Y si se va y me deja porque se da cuenta de que no soy esa persona que él cree?

Cuando vas en contra del programa, o sea, de ese sistema de creencias con el que creciste, te sacas de onda. Entonces, eso que te dijeron acerca de que los hombres son unos coquetos, que solo te quieren coger y después te desechan, y que no saben contactar con sus sentimientos ¿era mentira? Juan llegó a ser la excepción de la regla.

No quiero arruinarte tu película romántica, pero ese cuento que nos echaron de que cuando llega el Príncipe Azul los pajaritos cantan, el sol sale y una es completamente feliz es un chorazo inventado por Walt Disney. Tenía sentido porque eran películas infantiles, y ni modo que Eric de *La sirenita* descubriera que Ariel tiene una relación codependiente con su familia, o que Cenicienta quisiera mudarse a un palacio que está en una ciudad distinta de la que su Príncipe quiere para vivir, y entonces tienen que llegar a un acuerdo de cómo va a funcionar la relación a larga distancia.

Empezar una relación siempre trae un bonchonal de expectativas de ambas partes. Hay inseguridad de mostrarse como una es, porque obvio no queremos soltarle al otro todas nuestras heridas, nuestros traumas de la infancia y la razón de nuestro miedo al abandono.

Por eso puse una barrera que no quería derribar; no quería que Juan viera lo lastimada que estaba ni cuánto dolor cargaba. Tenía terror que descubriera que yo no era tan chingona como lo proyectaba, porque las veces pasadas, cuando me mostraba así como soy, una sensible, llorona que no se queda callada, se iban. Y después entendí que no era por mí, era por ellos; porque, en primer lugar, ellos no sabían qué hacer con mi dolor, porque mi dolor y mis inseguridades eran mías y yo debía trabajarlas, y en segundo, si ellos no sabían qué querían hacer con sus vidas, ¿cómo le iban a hacer conmigo?

Casi al mismo tiempo que empecé a salir con Juan, a mi mamá le detectaron cáncer por segunda vez y nadie podía creerlo, nos tomó a todos por sorpresa. Tener a un pariente enfermo es lo más pinche porque te cagas de miedo, no sabes qué hacer, quieres hacerte la fuerte pero no puedes... Por un lado, estaba emocionada de datear con Juan, pero también tenía miedo por el maldito cáncer, las quimios y todo lo que sucedería. Y un día de plano me quebré delante de él. Me solté a llorar y, mientras me salía un mar de lágrimas, *yo le pedía perdón por llorar.* Me abrazó fuerte y me dijo: «Si necesitas que te acompañe al hospital o saque a pasear a tus perros, tú dime. Aquí estoy para ayudarte». Nos quedamos en silencio, y ese fue el momento en el que pensé: «Okey, este güey es un chingón y no le tiene miedo a mi vulnerabilidad».

Nos da pánico ser vulnerables porque nos dijeron que es sinónimo de debilidad. Hay mucha vergüenza de por medio. ¿Cómo voy a ser auténtica? ¿Y si el otro sale corriendo? No, mejor no le cuento de mis inseguridades, yo soy *Miss Chingona y nunca tengo miedo de nada.* Nos creamos máscaras para sobrevivir y para que los demás nos acepten y nos quieran.

Pero hay dos maneras en las que nos podemos relacionar, a través del amor o a través del miedo:

Amor	Miedo
Gratitud	Control
Empatía	Chantaje
Compasión	Manipulación
Respeto	Celos
Autenticidad	Posesión
Libertad	Secretos

¿Cómo es que te has estado relacionando en el pasado? O si estás iniciando una relación, ¿cómo vas a empezar a relacionarte? ¿Cómo vas a comunicarte, a expresar lo que sientes y lo que necesitas? Porque esa es otra, mana: al haber crecido con tanta culpa, creemos que no nos merecemos algo bueno, o que si llega algo bueno, se va a ir.

Uno de mis grandes maestros es Juan Lucas Martín (al que no le gusta que le digan maestro, pero para mí sí lo es, ja, ja), con quien fui a un retiro que me cambió la vida. El segundo día, después de que yo ya estaba pasando por un momento bastante rudo porque hicimos un ejercicio de perdón, habló de la manifestación y la razón de que nos cueste tanto trabajo crear nuestra realidad. Sí lo sabes, ¿no? **No existe la mala o la buena suerte, existe la creación humana. Atraemos lo que atraemos.**

Las mentiras más grandes sobre las relaciones

Juan Lucas dice que para crear primero hay que limpiar la casa, o sea, profundizar en esas creencias y paradigmas que tenemos (y que ya no nos funcionan) para que después podamos atraer energía nueva. Ya que traes tu escoba, tu trapeador y tu limpiador (libre de tóxicos, por fa) vamos a entrarle a eliminar la mugre acumulada de ese sistema de creencias.

Dos personas son una misma

«Tú y yo somos uno mismo», como canta Timbiriche, pero antes de entrarle al tema quiero decirle unas palabras a

Diego Schoening: Ya vamos varias a las que nos mientes, primero con esa canción y después en la telenovela Soñadoras cuando te «drogas» (puedes verlo en YouTube y reír a carcajadas). Te pasas, compa.

El punto es que es cero romántico que entre los dos sean uno mismo. Está horrible, de hecho. Depositar tu felicidad y tu bienestar en el otro está de la chingadísima porque: ¡tú no eres el otro! **Así de sencillo.** Si algún día el otro se va de tu vida, ¿qué harías tú? «Romina, mi vida entera es mi novio, porque lo amo». *¡Por favor, no!*

Mi vida entera no es Juan. Juan es una parte importantísima de la gráfica de la felicidad de mi vida, pero dentro de esa gráfica están mi papá, mi mamá y mi hermana, mis primas, mis perros, mi trabajo, mis amigues y YO. Yo soy superimportante en esa gráfica. De hecho, soy la más importante, porque sin mí, sin yo estar bien, nada de lo demás funciona.

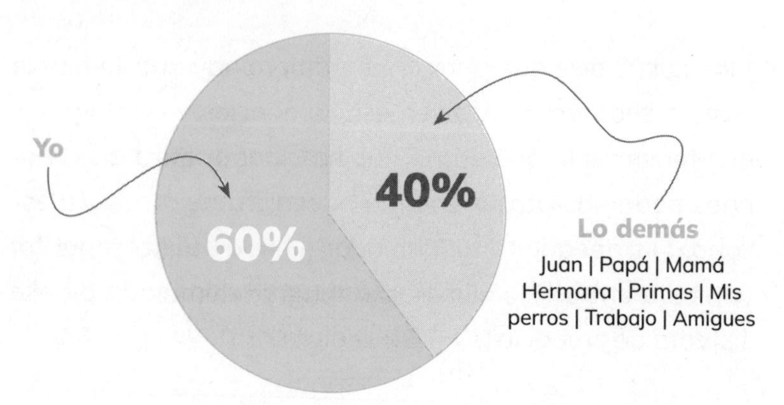

El patriarcado nos mintió un montón diciéndonos que nos falta la media naranja, que un hombre debe cuidarnos, ser el proveedor, y que nosotras solo debemos aceptar lo que nos den. Que nosotras solas no la armábamos. O sea, sin vato no hay nada. ¡Hazme el favor!

Nadie nos habla de libertad, de elección y de amor propio. Nadie nos dice que podemos elegir lo que a nosotras nos convenga dentro de una relación. Desde irte a vivir con la persona para ver si jala, tener hijos sin casarte, hasta casarte y tener una relación abierta. Lo que decida cada quien es lo importante, y no tenemos que ir por la vida cumpliendo los sueños de nuestros papás. *Sorry*, mamá, tú ya tuviste la oportunidad de hacer lo que querías.

El amor es suficiente

Otra gran mentira de las relaciones es que el amor es suficiente para que funcione. Híjole, sí es una idea romantiquísima, pero no es real. **Puedes amar a una persona, esa persona te puede amar, pero si no hay plan de vida juntos, no va a funcionar.** Desde la ciudad en la que quieran vivir, si quieren casarse o no, o si te ves con familia y la otra persona no. Tal vez si estás en tus veintes esto no te importe tanto y está de huevos, no tienes por qué, si la relación no es tan formal, pero sí llega una edad en los treinta y tantos que se vale decir qué buscas, sobre todo si el matrimonio y los hijos están en tus planes.

> Ver la realidad de la relación puede llegar a doler; pero, una vez más, **o lo asumes o te retiras de la situación.** Ninguna opción es mala.

Entre más trabajo cueste, más vale la pena

Si eres protagonista de una telenovela, pues sí. Te tiene que costar un ovario y la mitad del otro, porque si fuera fácil no se echarían 150 capítulos, ¿verdad?

Se trata de este *speech* de que todo debe doler, todo debe ser un drama, todo es pesado en la vida. Si lo crees, es probable que así sea, pero en mi experiencia, **entre más conciencia tengo y entre más feliz estoy, la vida es más ligera.**

Con esto no estoy diciendo que no haya pedos en tu relación, porque a esas parejas que dicen que son felices siempre y suben sus 456 fotos a redes sociales con un *copy* tipo «Mi gordo hermoso, *I love you*» no les creo nada. Nadie es feliz todo el tiempo. ¿Tú eres feliz TODO el tiempo? Yo no. Yo tengo momentos donde me caigo mal y soy la persona más insoportable del planeta. Si yo solita quiero irme a encerrar a un cuarto porque ni yo me aguanto, ¿por qué Juan querría estar conviviendo conmigo? Por eso es tan importante el trabajo personal, porque así, cuando viene el drama, una puede identificar qué es lo que lo ocasiona y tratar de cambiarlo desde el fondo, en lugar de desquitarse con el otro.

Estar en una relación donde el 95% del tiempo estás nerviosa de que el otro se enoje o arme un pedo es una tortura. ¿Para qué? No gastes tu tiempo y tu energía con alguien esperando a que cambie. La única persona que puede cambiar eres tú, así que córrele a terapia o a un curso con Juan Lucas Martín.

Uno puede cambiar a la otra persona

Esa debería ser mi única respuesta, pero no. Le voy a dedicar un tiempito para que nos quede clarísimo que eso JAMÁS va a pasar. **Tú no eres ni la terapeuta, ni la porrista, ni la mamá, ni nadie para querer cambiar a la otra persona.** Como dice Diana, mi terapeuta: ¿quién te crees tú para hacer eso con la otra persona? El otro puede llegar a dejar su mamitis, su adicción o su conformismo solo porque ÉL quiera, no porque tú te quejes de tu suegra, le escondas los cigarros o le consigas chamba.

Si conociste a una persona sin el mínimo interés por trabajar y superarse, a menos que haya estado pasando por un momento difícil y después le haya caído el veinte, así va a ser siempre, y tú decides si le entras o no. Es lo mismo que vimos en el capítulo uno: ver a los demás como proyectos personales es un desgaste físico y emocional y, como te lo dije antes, hay personas que no están interesadas en tu ayuda.

> Cambia tú, y cambia tan chingón que los demás pregunten qué hiciste y quieran hacer lo mismo.

Cuando estás en una relación te olvidas de tus amigos hombres

«Confío en ti, pero no en los demás» era algo que me decía un ex. Nicko Nogués, de #DeMachosaHombres, escribió un capítulo entero sobre esto en su libro *Hackea a tu macho*. Afirma que **el macho cree que todo es de su propiedad, incluyendo a su pareja, porque no ve a la mujer como persona, sino como cosa.**

Tenía 15 años y llegué a decirle a mi papá que mi novio estaba enojado porque yo me había ido a tomar un café con mi amigo Mau. «¿Te gustaría que tu novio se fuera a tomar un café con una amiga?». Le respondí que no me importaba que tuviera amigas. «Pues sí, pero tú eres muy bonita y quién sabe qué intenciones tengan los demás».

Me creí eso que me dijo mi papá y por años, para evitarme problemas, decidí ser la obediente y no ver a mis amigos, hasta que llegó el punto en el que dije: «Sus inseguridades son de ellos, no mías». Hoy tengo más amigos que antes, con los que neteo, platico, les pido consejos de chamba, salgo con ellos a bailar, les doy consejos de amor (ay, es que los güeyes heterosexuales sí tienen más pedos) y soy feliz de tener amistades tan variadas porque me hacen la persona que soy.

Si a tu novio/pareja no le late que tengas amigos, hija, es una mega *red flag* que hay que atender. Hay que escuchar qué es lo que le ocasiona inseguridad, y si después de que le explicaste de plano no entiende, ya sabrás qué decisión tomar.

Los hombres no se pueden comprometer

Porque son onvres y los onvres por naturaleza viven aventuras, se arriesgan y no pueden contactar tan fácilmente con sus sentimientos. Por todo esto, y porque ven a las mujeres como objetos, no se pueden enamorar.

Esto es una reverenda estupidez, tanto que nada más de escribirlo ya me puse de malas. **El amor no tiene género.** Que a nosotras se nos haya permitido ser más sentimentales o románticas es algo totalmente distinto, pero ambos géneros tenemos la capacidad de amar y de comprometernos.

Ahora, si el vato en cuestión no cree en el compromiso y tú sí, ¿para qué te metes ahí? Pero, ojo, no es cosa de hombres, es que ese joven/señor en específico no cree en el compromiso.

Prometerse amor para toda la vida

¡Asumadre! (Como dicen en Veracruz), la ansiedad de prometerle eso a alguien. ¿No crees que «para toda la vida» es una exageración? Si no sé en quién me voy a convertir en una semana a partir de hoy, ¡menos en diez años! Una vez más, expectativas, expectativas, expectativas: las mías, las del otro, un cagadero de promesas que son imposibles de cumplir y que terminan en reproches y en «yo me imaginaba que sería diferente».

A la única persona a la que deberías prometerle amor eterno es a ti. Prometerte que jamás, nunca de los jamases, vas a ponerte en una situación en la que estés en desventaja. Que nadie va a utilizarte ni a maltratarte. Que te vas a convertir en la policía del chantaje y la manipulación.

Crecer incluye un compromiso contigo. Con la promesa de que te vas a amar y a respetar todos los días de tu vida, porque no podemos dar lo que no somos, y el otro no tiene la responsabilidad de cargar con nuestros problemas.

Solo hay una manera de relacionarnos

Como ya bien lo aprendimos en el capítulo «Amor de tres», no existe una sola manera de estar con alguien. Todo dependerá de lo que acuerden la otra persona y tú, y si deciden ser monógamos, padrísimo, si deciden abrir la relación, también, igual que si son poliamorosos. Ahora sí que cada quien sus cubas y es muy respetable. Si tú no estás interesada en una relación monógama, es importante hablarlo para que la otra persona sepa qué onda. **Una vez más, la honestidad ante todo, porque «no hay que hacer lo que no quieres que te hagan».**

El hombre es el que debe pagar todo

Yo crecí con un papá que era el proveedor y que pagaba absolutamente todo, y antes de que yo saliera a algún lado durante épocas pubertas, mi papá siempre me daba dinero. Nunca salía sin un billetito porque yo me pagaba mis comidas, mi cine y, más adelante, mis *drinks*. Aun cuando tenía novio, me daba dinero *por si acaso.*

A lo que voy con esta historia es que yo no crecí pensando que el hombre estaba forzado a pagar, aun cuando en México es muy común que así suceda. Algunos lo harán por control, otros lo harán por educación, pero asumir que porque es hombre debe pagar, no.

Sé que a nosotras nos dijeron que hablar de dinero es de mala educación, pero en una relación se debe hablar sobre este tema. En mi caso, yo pago algunas cosas de la casa, Juan otras. No es 50/50 porque Juan gana más que yo y él se siente cómodo aportando a la casa y yo estoy okey con eso. Mis cosas personales, ropa, cremas, viajes, esos me los pago yo porque así ha sido desde que vivo sola y gano dinero.

Incluso, si tú eres la que va a asumir los gastos de la relación, está perfecto. Lo que tú y la otra persona quieran es su acuerdo. Solo es importante hablarlo; sobre todo, si planean irse a vivir juntos.

Amor de lejos es de pen... sarse

La única relación a distancia que he tenido no jaló, así que no tengo mucha experiencia en este tema. Lo que sí creo es que **debe haber un *deadline* y un plan de vida.** No te estoy diciendo que es la única forma, porque puedes tener una relación de Puebla a Sídney por diez años, hablando por FaceTime y sexteando, y si así son felices, pues qué bonito, *congrats*.

Yo sí necesito a la persona en carne y hueso, y es 100% cierto que conoces a una persona no de vacaciones ni en el *rush* del momento, sino en el día a día, familiarizando con su entorno, conviviendo con sus amigos, descubriendo si se tira pedos dormido o no. Es entonces cuando realmente sabes quién es esa persona. (Más cuando ya le vale un reverendo cacahuate y se pedorrea delante de ti, ay, qué bárbaro, ahora sí que la confianza apesta).

Mi amiga Renata Roa, de quien te he hablado varias veces en este libro, conoció a su esposo Adrian (que es inglés) mientras ella estaba en Inglaterra de intercambio y anduvieron de larga distancia por seis años; se mandaban cartas y se veían los veranos (¡aww!) hasta que Reno le puso un ultimátum. «O nos casamos o adiós». Hoy llevan 18 años juntos y son de las parejas más increíbles y admirables que conozco.

De que se puede, se puede, pero debe haber un montón de interés, esfuerzo y amor. Si de plano la cosa se pone complicada y solo te frustra, es momento de aceptar la realidad de ambos.

Para cerrar...

Cada relación es diferente, felicidades si eres o conoces a alguien que es la excepción a la regla. **Lo más importante es que tú elijas qué tipo de relación quieres, qué es lo que va contigo y qué es lo que de plano no**. No te sientas rara, diferente o intensa por decir lo que piensas y lo que sientes. Si el otro no busca lo mismo que tú, entonces para qué forzar las cosas.

Tienes que confiar en que llegará esa persona con quien seas compatible para vivir esta experiencia contigo. A ser tu maestro y tú su maestra. Somos espejos que constantemente nos estamos reflejando lo que debemos aprender.

Si lo ves de esa manera, vas a elegir mejor. Se vale buscar y ser proactiva (hija, a ligarle, que si con el vecino, en las *apps*, en una fiesta... Si buscas pareja y namás vives como ermitaña en una cueva, te garantizo que no va a llegar). Pero a la vez puedes rendirte al universo o al dios de tu preferencia para que ponga en tu camino a la persona perfecta para ti. No es que vaya a ser perfecta por no cometer errores, sino que será la persona que debes conocer para tu evolución.

Por eso, hay que ponernos lo más chingonas que podamos para atraer a alguien del mismo nivel de conciencia que nosotras. Alguien que saque ese brillo que tal vez estaba opacado por nuestros miedos o por nuestras heridas, pero **hermana, tú estás hecha para amar y ser amada.**

Capítulo 11

Cuando es momento de decirle adiós a una relación

Érase una vez, por aquel año de 2001, cuando OV7 sacó su canción de «Aum, aum» y los chavos de Ragazzi (que sepa la bola quiénes sean) cantaban con fervor «TBC», que yo me enamoré perdidamente de un joven llamado Ricardo, dos años más grande que yo, de mi misma escuela, con el ojo verde espectacular y que olía a Emporio Armani (el del tubito negro).

COSAS IMPORTANTES
QUE DEBES SABER SOBRE RICARDO:

- Ganó por tres años consecutivos la votación de «el más guapo de la escuela».

- En nuestra tercera *date* me dijo: «Valió la pena la espera».
- Me dedicó «Crash Into Me» de Dave Mathews Band. Yo le dediqué «Suerte» de Shakira. Cada uno en su intensidad musical favorita.
- Me llevó a un asado a conocer a sus 45 primos.
- Decía que estaba enamorado de mí, pero como yo me iba un año fuera a estudiar, él no le vio el caso a seguir saliendo y me cortó junto al carrito de los hot dogs, afuera de El Alebrije de Acapulco, el antro más famoso de 2000.

:(

Así, como si no le importara, Ricardo me dijo: «No vamos a llegar ni de aquí al poste de madera», y se fue dejándome ahí, humillada delante del don que preparaba unos hot dogs cubiertos de jalapeños, sin entender qué había hecho mal o cómo debía regresar al antro donde estaban mis amigas poniéndose borrachas con bebidas adulteradas y *shots* que tenían nombres como «piquete de diablo» «Osama bin Laden» o «corazón azul» (este último te daba un *brain freeze* machín). Regresé al antro, confundida y con ganas de irme a llorar al baño, sin saber si fue su peda o qué. El punto es que Ricardo me dejó con el corazón roto esa Semana Santa.

Como en aquel entonces nadie me dijo que **llorar es necesario cuando sientes dolor y que soltar la lágrima no te hace débil, sino que es la manera más**

humana de curarte, me convertí en Romina la Fuerte Sacre, la que después de que le rompieron el corazón de la manera más culera decidió taparlo con alcohol y dándole sus besos a quien se dejara. Necesitaba sentirme mejor. Necesitaba ya no pensar en el pinche guapísimo de Ricardo pues, a pesar de que ya había pasado el tiempo, yo seguía embobada por él.

Obvio no le decía a nadie lo mucho que me ardía que no estuviéramos juntos, pero llenaba mis diarios con cartas que nunca le di, me torturaba escuchando «Crash Into Me» de Dave Matthews Band y trataba de enterarme de su vida con una de mis amigas que andaba con uno de sus amigos. ¿Qué hacía? ¿Me extrañaba? ¿Salía con alguien más? Bendito 2001 en que no existía Instagram, si no hubiera dedicado mi vida a stalkearlo para obtener respuestas.

Mi amiga Jimena, que da los mejores consejos, me decía que cuando me fuera a estudiar a otro país me iba a olvidar de él mágicamente... Como si me fuera a subir al avión y, al aterrizar, el *jet lag* me hiciera decir: «¿quién es Ricardo? ¡NO ME ACUERDO DE ÉL!».

Debo confesarte que me llevé una foto de Ricardo a mi año fuera. *Por si acaso.* Por si necesitaba verlo. Era una foto en la playa en traje de baño, que aún tengo porque guardo un álbum con fotos de todos mis exgalanes para enseñárselo a mi sobrina Samantha, quien tiene 11 años y debe saber que su tía Romina ganó el 91% de las veces. Que le sirva como un ejemplo. Bueno, pues tenía esa foto en mi corcho, donde la veía todos los días; lo que me dijo Jimena me entró por un oído y me salió por el otro, porque a mí me seguía pareciendo un guapo de guapos con su mandíbula bien marcada.

Ese año, en Semana Santa, regresé a México y tuve un encuentro con Ricardo. Nos vimos, fuimos a cenar, al cine, nos dimos la mano en el cine, nos dimos besos afuera del cine. Yo regresaría a Suiza, pero dejamos abierta la posibilidad de ver qué onda cuando regresara. En junio de ese año regresé, no me buscó, y me lo encontré en la inauguración de un antro. Ricardo, el que cada vez que lo veía se ponía más guapo. Ricardo, el que olía delicioso. Ricardo, el que me había roto el corazón, pero ahora otra vez quería conmigo. Esa noche la pasamos increíble, baile y baile, que tú, que yo, que vamos a la barra, y le dije que si quería venir a mi casa a dormir. Mis papás no estaban, así que «dormimos» en el sillón (no pasó nada, perdí mi virginidad años después con otro que no fue Ricardo; si quieres saber más detalles, lo cuento en *Lo sensibles no nos quita lo chingonas*), y al día siguiente me despedí de él sin saber cuándo lo volvería a ver.

Cuatro años después nos vimos en casa de mi papá. Yo de 24 y él de 26. Ricardo trabajador. Ricardo en camisa de godín que gana bien. Ricardo, el que de solo verlo me temblaban las piernas. Yo pensé que ahora sí era nuestro momento. Yo iba a regresar de Nueva York al siguiente año, solo era cuestión de echarle ganas y de que me esperara. En mi estancia en la Ciudad de México fuimos a cenar a un restaurante superbonito, pero no platicamos de nada. Fue rarísimo ver que él y yo teníamos pocas cosas en común, y que claramente no éramos los mismos que en la prepa. Planeé un fin de semana en San Miguel, él y yo solos. Estaba emocionadísima, pero ¿qué crees? Que una noche antes organicé una peda en casa de mi papá y mi hermana y yo terminamos a las nueve y media de la mañana con los amigos de Ricardo, y al final... el viaje se canceló. Tomé un vuelo a Nueva York. Hablamos unas cuantas veces, pero se apagó luego luego.

En aquel entonces no era tan consciente de que «las cosas pasan por algo» o que debía «agradecer por lo que pasó». Pero a pesar de no contar con las herramientas que tengo hoy, ni el entendimiento del para qué, supe que él y yo no teníamos nada que ver y que a la larga sería un problema por cómo éramos ambos. Ricardo estaba hecho para seguir el «Libro de los chavitos bien» y yo quería actuar, viajar, comerme el mundo. Era claro que no iba a jalar, por más que lo forzáramos.

A veces me acuerdo de él, no porque lo extrañe o porque me importe, sino porque fue mi primer amor y siempre es bonito recordar lo que me hizo sentir a los 16 años. Lo feliz y enamorada que fui. Eso siempre se lo voy a agradecer; además, me hizo darme cuenta de que **a pesar del madrazo que viví, el que me rompieran el corazón de esa forma me hizo entender que valía la pena enamorarme otra vez. Que la vida es increíble cuando te enamoras de alguien.** Eso sí, hay que ser inteligentes para enamorarse y no es lo mismo a los 16 que a los treinta y tantos (esperaría, mana).

No cabe duda de que una crece, madura y entiende las cosas de maneras diferentes. En 2014, a mis 29 años, cuando me enamoré como adolescente de Bernardo y cortamos a pesar de que yo lo amaba perdidamente, por primera vez en mi vida tomé mi corazón hecho popó y lo expuse al dolor. Como te conté en el capítulo 3, dejé que llorara, que se enojara, que pataleara, que mentara madres y sacara toda esa decepción, porque no nos rompen el corazón, nosotras solitas nos lo rompemos. Cada una es responsable de sus sentimientos, pero al mismo tiempo es imposible no dejarte afectar por el otro.

Estaba ardida, ardidísima, pero no fui y se lo restregué en la cara; simplemente lo saqué en terapia y en mi blog. Escribí un post llamado «Cuando el amor no es suficiente» y lo leyeron miles de personas que se identificaron, porque no importa cuánto ames a alguien, si no tienen los mismos valores y el mismo plan de vida, vale madres.

Lloré, lloré y lloré hasta que un día dejó de doler. Pensaba en él y ya no sentía nada. A los pocos meses, después de horas con Diana en terapia, neteos con mis amigas y carcajadas con mi exsocio Juan Pablo Jim, me recuperé y renací. Esta vez **entendí que haber amado tanto a alguien y no haber sido amada de regreso no era el fin del mundo. Era una experiencia más.** Me agradecí por la capacidad que tengo de sentir. Me di cuenta de que ya estaba hasta el copete de querer cambiar al otro, y que en lo que llegara alguien que quisiera lo mismo que yo, mi chamba era ser mi propia pareja. Empecé a divertirme conmigo, a irme de viaje conmigo y a no sentir estrés ni ansiedad por ser la única soltera en la boda. A entender que no necesitaba de nadie más para tener sexo y que el placer me lo podía dar yo solita.

ME REENCONTRÉ Y ME ENAMORÉ DE MÍ.

Ese fue mi último *breakup* doloroso y aprendí un chorro de cosas:

- Está bien sentirse de la chingada.
- Está bien no querer salir de tu casa.
- Está bien llorar hasta que parezcas un sapo.
- Está bien guardar tu energía.
- Está bien cortar cualquier tipo de relación con tu ex.
- Está bien darle *unfollow* y borrar su teléfono de tu celular.
- Está bien no terminar del chongo.

Eso último es importantísimo, porque no sé quién nos vendió (¡agh, malditas telenovelas!) que TODO debe ser un drama, que debe haber gritos y sombrerazos y un «¡TE ODIO!» en forma de grito para que se sienta que, ahora sí, en efecto, valió queso.

Empezar en amor, terminar en amor

Nos dijeron tantas mentiras alrededor de las relaciones que también nos convencieron de que, cuando se termina, debe ser en la peor circunstancia: cuando ya no se aguantan o cuando de plano uno de los dos cruzó los límites de la relación. Pero con Bernardo entendí que no debía ser así.

Obviamente no fue placentero, o sea, no creo que haya una sola persona que diga: «Me la pasé de huevos, ya quiero volver a tener una relación para que cortemos otra vez». Pero hablar, expresarse y tomar una decisión es diferente que agarrarse a gritos y sombrerazos como si fuera una escena del Canal de las Estrellas, ¿verdad?

Vámonos a diferentes escenarios:

Él no sabe que lo vas a cortar

Damn! Este es el más fuerte, porque el otro sigue viviendo en *La La Land* y tú vas a llegar a decirle: «Oye, lo estuve pensando y fíjate que no es que seas tú, soy yo». Mi primera recomendación: **hazlo en un lugar neutro, o en un parque o en algún lado que no vaya a traerle recuerdos.** No en su casa, no en la tuya, no como mi hermana que cortó a su novio francés en una casa en las montañas en Acapulco (qué mal pedo, Renata). Porque a pesar de que ya no quieres estar con esa persona, se merece respeto y nunca hagas lo que no te gustaría que hicieran, ¿okey?

Sé que esto es muy ñoño, pero siempre es importante escribir en una hoja de papel las razones por las que ya no quieres con la otra persona. Es más, si andas en esas, pausa tu lectura, toma papel y pluma, y hazlo. Claramente no se las vas a leer, ¡ay, ya me dio nervios!, pero tenerlo anotado ayuda porque te estructuras y también te reafirma la razón del porqué de tu decisión.

Por supuesto que nunca vas a saber cómo va a reaccionar el otro (ay, qué pinche angustia), pero es importante que seas cuidadosa con tus palabras. **Una vez dichas,**

ya no hay vuelta atrás, así que cuidado con lo que dices. Sé honesta y di lo que piensas con sinceridad. Si el otro se resiste al *breakup* y de pronto sale con que va a cambiar, que por favor le des otra oportunidad, etc., esto dependerá de ti. Solo trata de detectar qué tan neta es lo que está diciendo y, en caso de que cedas, poner acuerdos y tiempos establecidos.

> **Ejemplo imaginario** (por favor, no lo tomes literal): «Ya no quiero seguir en esta relación porque a mí me gustan las papas fritas y a ti las ensaladas».

Aunque yo también cortaría con alguien a quien le gustan más las ensaladas (hueva), si el otro sale con que «No siempre voy a pedir ensaladas, prometo que una vez al mes pediré papas fritas y hasta les pondré mostaza con catsup», debes evaluar qué tanto quieres intentarlo/darle otra oportunidad o de plano mandarlo a volar porque ¡EL KALE NO ES DIVERTIDO!

Todo depende de ti; solo, por favor, mana, no caigas. **Se vale darle una segunda oportunidad a alguien, pero si ya es la cuarta vez que cortan por lo mismo, tienes una relación codependiente y ¡no va a cambiar!** Ya sabes lo que decimos por aquí, nada es malo, solo hay que asumirlo, pero ¿por qué seguirías con alguien que te hace daño?

Si ya pasaste por todo el proceso de querer cortar, es cuestión de que te agarres los ovarios y confíes en que tomaste la mejor decisión. Y créeme que cuando ves por ti, cuando tomas decisiones en amor para ti, el universo, Dios o en quien tú creas te va a respaldar.

Los dos ya anunciaron que «tienen que hablar»

Nada más de anotar el título me empezaron a sudar las manos. Es horrible estar en esta situación donde sabes que a las cinco de la tarde, en la banca grafiteada del parque, su historia de amor tendrá fin. Ya los dos saben que la cosa está color de hormiga, que nada más no llegan a acuerdos y que van a tener que tomar una decisión. Es una situación muy fuerte, pero al menos los dos están de acuerdo en que es la mejor decisión. **Aplaudo cuando dos personas terminan en conciencia.**

Hablo del agradecimiento como la mejor manera de cerrar un capítulo. Tampoco tienes que terminar en una escena melodramática donde sus manos se separan en cámara lenta hasta que cada quien se va por un camino, pero sí en agradecimiento. «Romina, mi exnovio es un patán, no tengo nada que agradecerle». Tal vez ese agradecimiento te lo debes a ti, porque abriste los ojos y te saliste de una relación abusiva, pero aun así **cada persona que viene a nuestra vida viene a enseñarnos algo.**

> Si diste todo tu amor y no fuiste correspondida, ¿quién es responsable? ¿La otra persona o tú?
>
> **RESPUESTA: TÚ.**

El otro no tiene por qué sentir lo mismo que tú. No está obligado a darte lo que tú esperas. Tú das y esperas recibir, pero cada uno da lo que es y lo que tiene. Cada uno vive y ama con lo que le alcanza. Mi hermana del alma, Renata Roa, dice que encontrar a tu pareja es un milagro, y lo creo porque es un trabajo constante de cada uno por separado. Por eso es tan complejo.

Se nos olvida que somos dos seres humanos completamente distintos, con creencias completamente diferentes, que coincidieron para vivir una experiencia. Y sí, es un poco loco pensar todo lo que tuvo que pasar para que conocieras a ESA persona, pero algo que hoy sé es que no todas las personas que se cruzan en tu camino están destinadas a estacionarse, y no es algo negativo ni una razón por la cual ponerse triste, es un *friendly reminder* de que **nadie nos pertenece y no tenemos control sobre nada ni nadie.**

Incluso a la hora de cortar, viene una necesidad de controlar la manera en que el otro está viviendo el truene: «Que le duela igual que a mí», «Que se quede en su casa, encerrado, sin ver a sus amigos», «Que se quede soltero hasta los 91 años y se muera a los 92».

En cuestión de rupturas, cada uno tiene sus formas de procesar el dolor. Tú ya sabes lo que hice en mi último *breakup* doloroso, pero mi ex Bernardo tuvo novia dos semanas después de que me dijo que «Quería estar solo un rato». No sé cuál es la verdad, pero me vale madres. No sé si le dolió, si festejó, si haber cortado conmigo le dejó alguna enseñanza, ¡no sé y no me importa! Yo solo puedo ver por mí y punto. Yo crecí y florecí después de esa relación, y con eso me quedo.

REPITE DESPUÉS DE MÍ: LO QUE HAGA O NO HAGA EL OTRO ES SU PEDO.

Si se va al Tíbet a convertirse en monje, si compone un álbum de canciones románticas gracias a ti o le propone matrimonio a alguien al mes de haber cortado contigo, no lo decides tú. **Es su vida y ya no está contigo, por lo que puede hacer lo que ÉL QUIERA.**

Hay una necesidad de saber cómo va tu ex en su duelo, pero la realidad es que lo que te digan los demás o lo que veas en redes va a ser un pedacito de cómo se siente. Y nada de lo que haga o no haga tiene que ver contigo.

«Romina, corté con mi ex y le valió madres». ¿Cómo sabes? ¿Solo porque no está subiendo fotos llorando en redes o no le comparte a sus amigos lo que siente crees que no le importó? Tal vez sí tengas razón: al vato le urgía ser soltero para poder jugar PlayStation sin que alguien se la armara de pedo, pero, una vez más, lo que hacen los otros no tiene que ver contigo, sino con sus ideas, sus experiencias y su forma de ver la vida y las relaciones. No es personal.

Cada uno vive el duelo a su manera. No hay un manual, no hay tiempos establecidos. «Romina, mi exmarido ya tiene nueva novia, le duró bien poco la tristeza». ¡Pues qué bueno! Porque por ahí dicen esta frase que, en mi opinión, es una de las más bellas:

> Si amas algo, déjalo ir.
> Si regresa a ti,
> es porque nadie más lo quiso.
> Déjalo ir otra vez.

Fuera de broma (era necesaria una bromita, porque este capítulo se puso denso), no hay tiempos para «superar a una persona». Si no has leído a Gaby Pérez Islas, no sé qué esperas, pero ella, al ser tanatóloga, habla mucho sobre el duelo y afirma que no hay duelos de microondas y que **no existe una fórmula para atravesar el dolor, porque eso hacemos: «atravesamos», no lo «superamos»**. *Cómo curar un corazón roto* es EL LIBRO de cabecera para entender la pérdida y te recomendaría que, si ya andas en estas ondas del crecimiento personal (sonó a tía), te eches un clavado a leer lo que dice Gaby, porque NADIE nos puede asegurar que esa persona estará con nosotras el resto de nuestros días.

«No seas pesimista, Romina». Lo digo en serio. Ojalá y llegue a mis 84 años de la mano de Juanis, pero la realidad es que no sé quién voy a ser en los próximos años, ni quién va a ser él, y eso, mana querida, no es una tristeza, es una realidad. Ojalá que nos encontremos siempre, y que siempre queramos estar juntos, pero algo que le dije a Juan desde los primeros meses que salíamos fue: «El día que ya no quieras estar conmigo, dímelo, porque yo no quiero que seamos miserables juntos». Cuando platico esto, la reacción es: «¡Qué intensa!» (uta madre, ya me conocen, coño), o «¡Qué feo que digas eso!». Pero ¡es la neta! **Prefiero que los dos sepamos que cuando ya no haya amor, aunque duela, yo no estoy dispuesta a seguir en una relación solo por costumbre o porque me siento sola.**

ANOTA BIEN ESTO: SOLEDAD ES ESTAR CON ALGUIEN A QUIEN YA NO QUIERES. ESO ES LA MÁXIMA SOLEDAD Y ES CULERA CULERA.

Ahora, hay varias personas que prefieren tapar su dolor diciendo que odian al otro. Pues sí, ¿verdad? Quién soy yo para decirte que no odies al otro, pero aun en el enojo, aun en el coraje, la decepción, etc., una debe meterse a *full* a sentir lo que sea que sientas, trabajarlo y, ahora sí, a transformarlo. A no quedarnos con ese sentimiento, porque como dice Gabo Carillo, *coach* del Método Watson, esos sentimientos se convierten en estado de ánimo, y después los hacemos parte de nuestra vida. Y así vivimos, a través del enojo, el coraje, el odio. Muchas personas se quedan en la negatividad, en una especie de reclamo hacia el otro. «Ve lo que me hiciste, por tu pinche culpa ahora soy miserable». La única persona que se hace daño quedándose ahí, no trabajando y no atravesando el duelo, ¡eres tú! ¡Tú, mana! El otro ya está de manita sudada con Pau, su ex de secundaria que se acaba de divorciar, escogiendo fotos para su perfil en Bumble o en un antro de mala muerte chupándole las tangas a *escorts* rusas en Las Vegas; y tú en el ácido porque «te la jugaron chueca».

No te estoy diciendo que no esté culero. Está culerísimo, pero **¿qué vas a hacer con eso? ¿Cómo vas a asumir tu responsabilidad?** Echarle la culpa al otro no sirve de nada y a veces las cosas no salen como nosotras queremos; sin embargo, algo vamos a aprender de esa experiencia. Eso es todo lo que quiero decirte.

TODO ES UN APRENDIZAJE, LO BUENO Y LO FEO. TODO.

Hablando de Gaby Pérez Islas, en una de sus conferencias preguntó: «¿Preferirías no haber conocido a esa persona?». Y te prometo, mana querida, que no hay un solo exnovio mío del que me arrepienta; al contrario, me acercaron a la pareja que tengo hoy, y por eso se los agradezco.

¿Se puede olvidar a una persona?

Puede ser que sí, si es que te das un madrazo en la cabeza, pero a mí no se me han olvidado mis exes. A ver, tampoco es que piense en ellos diario porque estaría raro, pero cada uno de ellos me enseñó algo. Desde no fumar sin desayuno hasta que la suma de uno y uno siempre es uno. ¡No es cierto! Esa es una canción de Arjona que es una mamada, pero me quería echar un chistín. Ya en serio, **todos mis exes me dejaron algo, desde que no hay necesidad de ir tan rápido, hasta no tener expectativas ni esperar que el otro se convierta en una persona que no es.**

Esa última, ¡ah, jijo!, ¡qué tan recurrente fue! Todos mis exes tienen eso en común, que yo veía en ellos algo que no eran, algo que podían llegar a ser. Hoy lo veo y entiendo de dónde viene, de mi necesidad de creérmela YO. De que estaba atorada en mi vida y quería salir de mi caparazón y volar, y a Bernardo le agradezco eso. Así llegué al punto en el que dejé de enfocarme en mi pareja para ver por mí, y entendí que no debía validarme a través de alguien más, sino darme todo ese amor a mí y convertirme en mi pareja.

Ahora, dicho lo anterior, sí creo que **una tiene que trabajarle duro para atravesar el duelo; como ya lo comentamos arriba, es necesario e importante para no quedarnos atoradas en el pasado o en lo que ya fue.** No tengo que darte más explicaciones de por qué quedarse en el ayer, aunque puede llegar a ser «romántico» o «nostálgico», no te deja nada. Es no aceptar tu principio de realidad y quedarte con la idea de que «mi ex era lo máximo, qué tristeza que ya no estamos juntos». O sea, tal vez tengas una de esas historias de amor megaturborrománticas donde, en efecto, fue hermosa la relación, pero el asunto es que hoy, pensando con la cabeza fría, no estás con esa persona.

Puede ser por la distancia, la situación laboral o que el otro nada más no quiere comprometerse, pero el hecho de que le des vueltas y vueltas al asunto no ayuda en nada porque tu energía está con esa persona y por eso ¡no llega alguien nuevo! Ay, mana, es que también una, el ex está en el pasado, punto, y así como yo recuerdo a Ricardo con cariño, no estoy clavada con él (sería turbo *loser* y triste) y tampoco me voy a echar telenovelas mentales de lo que podría ser, PERO NO ES.

> **El tiempo ayuda y cura, pero no es el tiempo solito,** es la decisión de no ver a esa persona, de cortar lazos, de no enterarte de qué hace y qué no hace.

Sé que hay personas que terminan siendo amigas de sus exes...

Pero ¿se puede ser amiga de tu ex?

Sé que tal vez suene un poco bobo dejar claro lo que es una amistad, pero **los amigos no se besuquean, no tienen sexo y no se gustan, ¿okey?** Sin embargo, si tú dices que tu ex es tu amigo, pero es prácticamente como si anduvieran, aunque sin el compromiso, no es por echarte la sal, pero esa relación va a terminar siendo turboconfusa y con mayores problemas de los que tenían antes.

La neta yo nunca lo he logrado, pero Sasa dice que sí se puede ser amiga de tu ex; de hecho, ella es amiga de tres de sus exes. ¡Bravo!

Sus consejos para que jale una relación de amistad entre exes son los siguientes:

1. Que de verdad ya no tengas expectativas románticas de esa relación y que sea mutuo.
2. Que ya hayan sanado los problemas del pasado.
3. Que sea una persona que sume en tu vida.
4. Que respeten a tu pareja actual y a la pareja del otro.

Si de plano ves que no pueden ser amigos, no lo puedes forzar. Se va a dar natural, y si no, pues no pasa nada. No es a huevo que tu ex termine siendo tu amigo. Tal vez solo lleguen a hablar y a sanar el pasado y párale de contar, y eso también está chido.

Hablar y expresar lo que tú quieres de esta nueva etapa de la relación es importantísimo; si de plano alguien se confunde en el camino, también deben hablarlo, ver en dónde está la otra persona y respetar lo que el otro quiere. Siempre.

Qué triste fue decirnos adiós

Siempre pensaré que es mil veces mejor terminar que durar por durar. Hay personas que no cortan por el qué dirán o porque los papás van a poner el grito en el cielo, o por los hijos, pero si algo le he aprendido a mi amiga Jimena Férez, alias Madrehadísima, es que primero estás tú, después tú y al final tú, y que cuando tú ves por ti, tus hijos también se van a ver beneficiados porque ven a una mamá en paz.

Por eso, **si ya llegaste a las últimas consecuencias, luchaste por el amor, fuiste a terapia de pareja, y nada más no se puede solucionar, lo mejor es tomar caminos separados.**

Algunas personas piensan que es el final, pero a mí se me hace el inicio más chingón que una persona puede llegar a tener. El volver a descubrirte sin pareja, el recoger las piezas de lo que se rompió y comprender de qué va el rompecabezas, entender el sentido, hacer una reflexión de lo que sucedió y cómo hacerlo mejor a la próxima, es mágico. Es importantísimo esto último, porque es la única forma en la que vamos a poder aprender para hacerlo mejor en el futuro.

Como ya te conté, cada una de mis exparejas me enseñó un montón. Conocí distintas versiones de quien soy. Lo que me funciona y lo que no volvería a hacer. Hoy estoy en la relación que jamás creí estar. Una basada en amor, en respeto y en risas. En admiración y en profunda complicidad, y es por eso que le doy gracias a mis exes, porque no funcionó con ellos.

AHORA POR FIN CREO QUE
TODO PASA POR ALGO.

Epílogo:

lo que he aprendido de estar en una relación basada en amor

Juan es mi caso de éxito y la razón por la que pude escribir sobre este tema. Es una persona sumamente reservada, a la que le choca el *spotlight* y que la gente sepa de él; y qué padre, en teoría debería respetar su privacidad, pero es mi libro y hablaré de él porque es mi gran amor y lo amo y quiero contarte por qué es la lucecita de mi vida.

ARRANCAMOS CURSIS, YA SÉ.

Si me hubieran presentado a Juan hace diez años, nunca habría funcionado. Estaba tan acostumbrada a tratarme mal y a aceptar lo poquito que me dieran, que no hubiera podido recibir ese corazón tan grande que él tiene. Pero los tiempos son perfectos; literalmente llegó a rebasar por la derecha y a enseñarme que **vale la pena dejarte sorprender.**

Juan es mi mayor sorpresa y mi gran maestro. Es generoso, bondadoso, comprensivo; escucha y se preocupa. Es el hombre más seguro que conozco y está tan a gusto con quien es que no tiene que demostrarles a los demás absolutamente nada. Llegó para enseñarme que un hombre puede ser extremadamente sensible y que llorar en el cine porque Bradley Cooper se muere al final de *Nace una estrella* no es de pena, sino de estar conectado con tus sentimientos. Historia real: Juan llorando a moco tendido diciendo: «¿Por qué se murió? ¡No es justo!», mientras yo le pasaba el cachito de servilleta manchado de salsa Valentina que me quedaba y lo abrazaba.

Juan no tiene miedo a contactar con sus sentimientos ni con su vulnerabilidad. Amo su sensibilidad y su forma de ver la vida: sin prisa, a tiempo, siendo él. A pesar de tener un trabajo muy estresante, genuinamente cree que TODO tiene solución, así que cuando a mí se me botan las cabras y me ataca la ansiedad, él solo voltea a verme y me pregunta: «¿En qué te puedo ayudar?». Y sé que cuento con él, que así estuviera a kilómetros de distancia, haría lo posible por ayudarme a solucionar mi problema.

Distraído para un montón de cosas (tiene pésima memoria) e intenso con otras (como que los perros necesitan salir cuatro veces al día) **nuestra relación funciona porque respetamos cómo es el otro y no tratamos de cambiarnos.**

Somos muy distintos, pero al mismo tiempo tenemos un montón de cosas en común; nuestros valores, por ejemplo. Siempre le digo que, si hubiera conocido a su mamá, la hubiera felicitado por lo bien que lo crio. Por eso es tan fácil estar con él: compartimos el sentido de justicia, de ser buenas personas (o al menos de trabajar a diario para que así sea) y, en general, somos dos personas que la pasamos bien en la vida y nos gusta disfrutar de nuestras escapadas y de nuestros viajes.

Así como Juan adora los deportes (tiene un equipo de beisbol, uno de futbol y otro de americano) y a mí me valen un carajo, yo amo a las celebridades y a él no podrían importarle menos. Sin embargo, he aprendido a ver a los Dodgers y entender de qué va un juego, y él se convirtió en fan de Lady Gaga, de Taylor Swift y de Adele. También me encargo de mantenerlo al día con cosas importantes que suceden o sucedieron, y él se sorprende de las noticias: «¡¿Britney Spears anduvo con Justin Timberlake?!», «¡¿Jay Z y Beyoncé se casaron?!», «¿A poco hay tantas hermanas Kardashian?». Él me enseñó quién es el *Toro* Valenzuela, yo le enseñé quién es Dua Lipa. Estamos a mano.

Siempre digo que estar con él es muy fácil, porque lo es. No ha habido una sola mañana que amanezcamos juntos que no esté de buenas. Es una persona feliz y esa energía, tan suavecita, me contagia y me hace bajarle cuatro rayitas a mi intensidad. Tiene un ritual mañanero en el que se prepara un té de manzanilla, limón y jengibre, y siempre me hace uno a mí también, el cual deja a mi lado, sobre el buró, para cuando abra los ojos.

Es su manera de darme los buenos días. Y todas las mañanas, TODAS, nadie sale a trabajar sin habernos dado un abrazo.

Años antes de conocer a Juan, veía que algunas de mis amigas eran felices con sus parejas y pensaba que no había posibilidad para mí. Me formé en la fila de quienes creen que las relaciones solo se ven de una manera, pero **déjame darte una excelente noticia: ¡no hay un molde donde tengas que encajar!** Juan y yo somos los más alejados de cumplir con los acuerdos sociales establecidos y así somos felices. Hemos diseñado una vida a nuestra medida, comenzando con el hecho de que cada uno tiene su propio espacio: vive en mi departamento, pero tiene un estudio al que va cuando quiere dormir solo, y recientemente compartimos una casa en Tepoztlán. Tenemos la confianza de decirnos «Necesito espacio y necesito un fin para mí solito» y nadie se ofende. Ninguno está obligado a ir a los planes del otro si no quiere. Amamos estar juntos, pero también amamos dormir en camas separadas cuando hay oportunidad de que nos den cuarto de hotel con dos camas matrimoniales. ¿Y sabes qué? ¡Somos felices así! Él no tiene Instagram y yo me dedico a las redes sociales; le choca que ande posteando nuestra vida, así que cuando lo hago, primero le pregunto si está okey. Él lava los trastes, yo le hago su smoothie en la mañana. ¿Me hace menos mujer empoderada y a él un mandilón? No. Ambos decidimos qué nos funciona y qué es lo que queremos, y mana, no podemos ser más felices.

QUERER ESTAR CON ALGUIEN ES UNA DECISIÓN, UNA DECISIÓN QUE TOMAS TODOS LOS DÍAS DE TU VIDA.

A mí nadie me obliga a permanecer con Juan. Estoy en esta relación porque quiero y porque estar con él me hace muy bien. Porque me interesa aprender de él y con él. Porque lo admiro un montón por la persona que es, por sus valores, su paciencia, su ternura y su manera de ver la vida. Porque no me quiere cambiar y respeta mi libertad y quién soy. Así completa me ama y yo a él, y eso, mana querida, como dice mi amiga Renata Roa, es un milagro.

LA VIDA SE PASA TAN RÁPIDO QUE NO VALE LA PENA GASTARLA CON ALGUIEN QUE NO SACA LO MEJOR DE TI.

¿Te has dado cuenta de que, cuando alguien está feliz y enamorada, brilla? Así me siento yo, pero así me sentía también antes de conocer a Juan. Él es la cereza de mi pastel.

Sé que lo he repetido hartas veces en el libro, pero genuinamente creo que nadie es a huevo. De por sí la vida ya es difícil como para complicárnosla más con alguien que nos madrea. Porque, ojo: la madriza no es solo física, sino también verbal y, peor aún, emocional.

Ni Juan ni yo somos seres especiales, solo somos personas comprometidas y enamoradas que quieren estar juntas.

Antes de despedirme, quiero contarte la siguiente historia:

> En septiembre de 2021, Juan y yo nos fuimos a Nueva York de vacaciones. La primera noche antes de irnos a cenar, yo estaba terminando de escribir unas cosas de la chamba en mi compu, cuando de pronto se paró a mi lado.
>
> —Te traje un regalo —dijo, y sacó una bolsita blanca de tela—. Quiero darte un anillo, pero no me quiero casar, no creo en el matrimonio y por favor no te pongas rara.
>
> Paré lo que estaba escribiendo y volteé a verlo, confundida.
>
> —Sácalo de la bolsita, espero que te guste.
>
> Era un anillo dorado con un diamante en medio. Un anillo superdiferente: muy él y muy yo.
>
> —¿Me lo pongo yo solita o me lo vas a poner tú?
>
> —Póntelo tú, porque no es de compromiso. Es solo un regalo.
>
> Me ataqué de risa por su frase:
>
> **No me quiero casar.**
> **No creo en el matrimonio.**
> **Por favor no te pongas rara.**

En mis debrayes pasados, pensaba que el día en que me propusieran matrimonio iba a ser en el Pompidou de París frente a mi pintura favorita de Chagall. Fue muy lejano a eso. Fue aún mejor porque fue 100% Juan, quien jamás haría algo así en público porque se moriría del oso y nunca habría hecho un *show* alrededor de algo que en realidad no nos importa tanto, pues el compromiso va mucho más allá de la roca que traigo en el dedo.

No nos vamos a casar, ¿o sí? No sé qué vaya a pasar y, la neta, no me importa no tener todas las respuestas.

> Que pase lo que tenga que pasar
> y que dure lo que tenga que durar,
> **mientras los dos estemos felices.**

Y ese consejo, mana, aplica para cualquier tipo de relación en la que estés. Que dure lo que dure, pero chingón. Siempre gozando la vida. Siempre siendo tú misma.

Glosario

A

Agarrar: la acción de dos personas desfogando su pasión.

Amante: persona con la que tienes encuentros casuales sin compromiso. Nicky Jam se queja de que nunca lo toman en serio y siempre es el amante :(

Amigos con derechos: como cantan Reik y Maluma, aquel «amiguito» que te agarras por la mera necesidad de no estar sola. Y porque el tiempo de sequía se pone perro.

Amigo, simplemente amigo: Ana Gabriel lo deja muy claro en este *hit* ochentero. O sea, este shavo solo se desfoga en secreto porque ante el mundo SOLO SON amiwis. ¡Buuuu!

Amigui, amiwi: aquella persona que es casi como tu hermano, pero aún mejor porque no comparten papás. No te lo puedes besuquear en la peda, mucho menos tener relaciones sexuales, no chingues.

Amor: el sentimiento más hermoso del mundo. El tema favorito de las canciones, los poemas, las películas. Sé que se oye cursi, pero en mi opinión, es lo que vale la pena de la vida.

Amor propio: sin esto, no puedes tener con los demás una relación que valga la pena.

B

Besucos o besukis: en realidad se les dice besos, pero a los mirreyes les mama terminar las palabras con «uco» o «ukis». No sabemos por qué.

***Bird lips*:** labios de pájaro. De esas personas que no abren la boca a la hora del beso y se quedan ahí como a la mitad. -_-

---

C

Caldufa: aquella damita a la que le entra la necesidad de que su cuerpo entre en contacto con otro cuerpo.

Candente: dícese de una persona que irradia sensualidad. Ejemplo: Ninel Conde nos muestra su lado más candente. ¡No te pierdas este especial en *TVNotas!*

Canita al aire: esta expresión es como de mi tía abuela, pero describe el momento cuando tuviste una distracción fuera de tu relación y, pues, te agarraste con otro.

Casado: ALÉJATE DE AHÍ.

Chiflando y aplaudiendo: expresión típica de tía/tío/amigo cagado cuando ve a una parejita caldufa. Se refiere a que la parejita ocupe sus manos y sus labios para hacer otra cosa que no sea la jocosidad.

Cintureo: aquella acción ejercida por un muchacho para intentar ligarte. -_- Siento que los políticos o los mirreyes la aplican.

Club de la mano amiga: porque una sola la puede armar chingón y darse placer. #yum

Coito: ¿alguien más vomita cuando escucha esta palabra?

Compromiso: el acuerdo que hay entre dos personas de ser exclusivos.

Concubinato: cuando vives con una persona, pero no están casados. Mi tía Gogis diría «vivir en pecado».

Condón: IMPORTANTÍSIMO. Si el vato no tiene uno, tú cómpralos, mija.

Coqueteo: que si la miradita, que si la risita, que si te toco un poco con la mano, que si vámonos a un lugar donde podamos hablar sin tanto ruido, que si la seguimos en mi casa, ¿o en la tuya?

Cuerno (poner el): «Me pusieron el cuerno», o sea, cuando te son infieles.

Cupido: aquella persona que organiza la cita romántica.

D

Dar: «Me lo di», oséase, te lo agarraste. Aquí no se especifica si hubo sexo o nada más un fajesín.

Dating apps: que si Bumble, que si Tinder... Yo estoy súper a favor de usarlas.

Declaración: Julieta Venegas canta: «Dime si tú quisieras andar conmigo, o-o-o...». «¿Quieres ser mi novia?» es la pregunta que se supone los hombres hacen cuando quieren algo más formal. Pero en tiempos modernos pocas personas lo usan, o POR FIN son las señoritas las que hacen esa pregunta.

Dejar el alma en el escenario: alguien que se desempeña con gracia y entusiasmo durante el acto sexual.

Deseo: cuando se te antoja alguien y arañas hasta las paredes.

Don Juan: sinónimo del «todas mías», o sea, aquel vato conquistador que va por la vida sintiéndose el muy *acá*.

Enamorada: sientes mariposas en el estómago, ves a la otra persona y sonríes, solo piensas en el otro. ¡Aww!

Encuentro casual: no es tu novix, no te debe nada, no la armes de pedo.

Faje: porque hay una época en la vida donde nada más fajas y es padrísimo. Cuando eres adulto termina en sexo.

Flor: su nombre real es vulva.

***Free*:** cuando nada más le andas dando vuelo a la hilacha con alguien que no es tu novio.

French kiss: *Oh la lá!* Esos besos deliciosos con lengua que, si lo hacen bien, escala a dimensiones desconocidas.

Galleta Oreo: visualiza una galleta Oreo... Okey... ¿te la comes? Sí. ¿Pasan dos años y no te la comes? También. Lo mismo con algunas personas.

***Ghosting*:** cuando una persona se desaparece (como un fantasma = *ghost*) y te deja con más preguntas que las que tiene Sherlock Holmes.

Gozosa: mujer que se la pasa a todo dar.

H

Hacer el amor: me causa un poco de ñáñaras esta expresión, porque se oye como de telenovela de Telemundo (que son más sexosas). Y no puedo evitar pensar en la canción de Alejandra Guzmán a la que yo le cambiaba la letra: «Hacer el amor, con *ochooooo*, nooooo, noooo, nooooo».

Hoguera: sé que está feo que ponga esto, pero son esas personas que NO DEBISTE HABERTE AGARRADO. PUNTO. Y no es tanto por el físico, es más bien por la actitud.

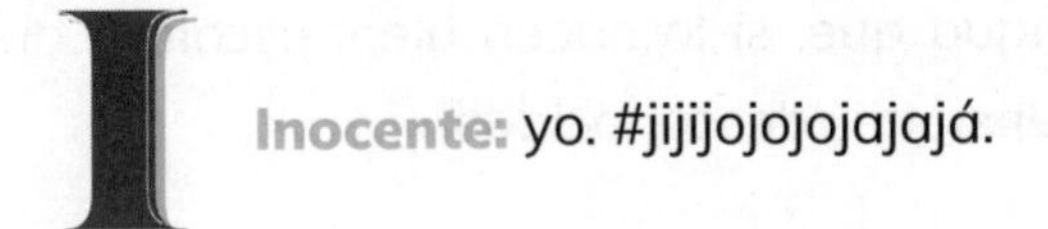

Inocente: yo. #jijijojojojajajá.

J

Jocosa: parecida a la caldufa, pero con más picardía y sabor.

K

Kama-sutra: un libro a todo dar de posiciones para gente EXTRA flexible. O yoguis.

Kiko: de esos besitos tímidos que nos dábamos (¿era la única?) en la pubertad, cuando jugábamos botella.

L

Lizard tongue: o sea, lengua de lagartija. De esos besos en los que te meten la lengua dura y solo la mueven de un lado a otro sin sentido. #guácala.

LQUHPP: siglas que significan: Lo Que Una Hace Por Pene. Hay una delgada línea entre calentura y ponerse como tapete. Ponerse como tapete NUNCA ES LA OPCIÓN.

Machismo: necesito un capítulo entero para este término, pero digamos que son esos hombres que se sienten superiores a ti. #NoGracias

Mami: como dice Alexis de Anda: «A menos que seas cubano, no le digas así a las mujeres mientras coges».

Manualidad: cuando existen dedos de por medio en el acto sexual.

Mañanero: hay mañanas donde el asunto se alborota y terminas entregándote a las dulces mieles del sexo.

Masturbación: DEEEEELIIIIIIIIIIIIIISHHHHHH. Es un acto de amor de ti para ti.

Matrimonio: dos personas que deciden comprometerse. Generalmente es un evento social.

Media naranja: Fey nos hizo creer que eso éramos, pero mejor pensemos en ser naranjas completas.

Monogamia: cuando estás en una relación exclusiva con una persona.

Mover el tapete: cuando alguien te gusta y te interesa. Digamos que como que «te desbalancea».

Mujeres: «No sé quien las inventó, no sé quién nos hizo ese favor, tuvo que ser Dios...». Frase célebre del poeta y trovador romántico Ricardo Arjona.

Muslos relajados: mujer a la que le gusta la buena vida y el sexo casual. Es juzgada porque la pasa cabrón y, la verdad, a los demás les da envidia su libertad.

Netflix & chill: dizque invitas a tu casa a alguien para ver una serie o una película. Dizque el otro está emocionadísimo porque FINALMENTE verá *Lost* en pleno 2022. Sin embargo, es prácticamente hacerte turrrrrbogüey para que no piense que #loúnicoquequieresesagarrártelo.

No importa el tamaño, lo que importa es la función: mmm... no sé, amigas, no sé. Lo que sí sé es que más vale un mediano cumplidor a un gigante aterrador.

Novio: únicamente vale la pena cuando saca lo mejor de ti. Si no, no tengas un novio.

Nudes: fotos que le mandas a la otra persona para que vea lo que tienes y de lo que se pierde. No quiero ser *party pooper,* pero no lo hagas sabiendo que la otra persona podría llegar a compartirlas. Solo con quien más confianza tengas y OJO, MUCHO OJO. Mi recomendación: si de plano vas, que al menos no se vea tu cara.

O

One night stand: te gustó, le gustaste. Se fueron a darse cariño. Hubo sexo. Se despiden. No se vuelven a ver.

Oops! I did it again: la carne es débil. Una cae, aunque había dicho que ya no.

Orgasmo: de los mayores placeres de la vida.

P

Padrote: como la mayoría de los mirreyes que son unos machitos misóginos y tienen que andar demostrando su hombría a cada momento «agarrándose viejas».

Papacito: muy de la Tesorito llamarle a un hombre así.

Patriarcado: la razón por la que existe todo lo malo en el mundo, como el machismo, la homofobia, la crisis climática. Es cuando el hombre cree que es el centro del universo y todo le pertenece.

Película porno: ¿soy la única que analiza la trama en vez de dejarse llevar por *cuánto están disfrutando las chavas?* No es cierto, toda la narrativa es turbopatriarcal y horrible.

Pene: órgano sexual masculino. Es una cosa que les cuelga a los güeyes y está acompañado de una bolsa con dos huevos.

Pícara: ¿y soñadora? #bromi Solo las mayores de 35 entenderán este chiste.

Piedrita en el zapato: esas personas que te agarraste, de las que te arrepientes y quisieras olvidar, pero estos güeyes conocen a personas cercanas a ti.

Poliamor: cuando creas vínculos amorosos con varias personas. Todas ellas saben qué onda. No se confunda con relaciones abiertas.

Quiero hacerte el amor: úchala... otra canción «semirromántica», pero la neta no tanto. Thalía tiene mejores canciones, como todo el álbum de *Amor a la mexicana* y háganle como quieran.

R

Respeto: la base de cualquier relación.

Romanticismo: lo que veíamos en las *romantic comedies* y que en la realidad no aplica. Por ejemplo: darte un beso en plena tormenta.

Ryan Gosling: ay, papacito hermoso, creo que 98% de las mujeres hemos tenido sueños sexosos con este joven/señor.

Salmón noruego: cuando alguien no se mueve durante el acto sexual y pretende que la otra persona haga toooooda la chamba... Así no se puede, ¿eh?

Sexo: siempre consensuado. SIEMPRE.

***Sexting*:** cuando le mandas mensajes golosos a la otra persona. Puede incluir *nudes* (con cuidado y con cabeza) o emojis de flamas.

Sin gorrito no hay fiesta: parte de ser una mujer sexualmente responsable es cuidarse. Caras vemos, enfermedades venéreas no sabemos.

Sueño húmedo: ni me vengan con que nunca han soñado con alguien y amanecen y hasta lo ven con otros ojos de lo bien que se desempeñó en su sueño. Por eso aguas con andar pensando en gente y cosas de la oficina antes de cerrar sus ojitos.

Sugar daddy: un señor de edad madura que se ofrece a darte un dinerito por salir con él, acompañarlo a juntas o de viaje.

T

Tirar el perro (o tirar el can): cuando alguien se te lanza y te trata de ligar. Sinónimo de tirar la onda.

Trofeo: aquel güey con el que te agarraste en el pasado y dices: ¡SOY UNA CHINGONA! ¡BRAVO POR MÍ!

Troguera: antes era trofeo, ahora es hoguera. Ahí está: troguera.

U

Un besito y un vasito de agua no se le niegan a nadie: un proverbio turco lleno de sabiduría y verdad.

Verbo: cuando alguien tira un chingo de choro namás para que la otra persona caiga.

Vibrador: uno de los mejores amigos de las mujeres. Recomiendo usarlos también en pareja.

Vulva: aparato sexual femenino que incluye labios (todas los tenemos diferentes), la abertura vaginal, el clítoris y el orificio uretral (por donde hacemos pipí).

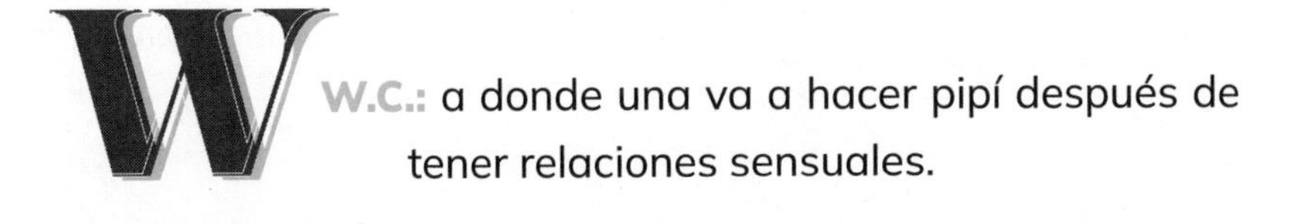

W.C.: a donde una va a hacer pipí después de tener relaciones sensuales.

XXX: Oséase, porno.

Yandel: uno que no se separa de Wisin, su compañero de canciones marranas como «Noche de sexo».

Zorra: dícese de aquella dama de la vida alegre. Todos la juzgan porque la pasa cabrón.

Agradecimientos

Primero quiero darte las gracias a ti, que te tomaste el tiempo de leerme. Ojalá hayas disfrutado cada una de mis historias y de verdad espero haberte dejado algo. Mínimo que te haya hecho reír. Gracias a todas las que hicieron un éxito de *Lo sensibles no nos quita lo chingonas*. Sin ustedes no existiría este libro, ni mi pódcast, ni tendría el trabajo que tengo. Gracias por todo su amor y su cariño.

Ahora, gracias al equipo de Planeta, a Karina Macias por haber creído en mi trabajo. A Tamara Gutverg, que desde que estaba presentando mi primer libro en la FIL de Monterrey le dije que quería que el segundo hablara de relaciones amorosas (yo en atrevida, no había vendido ni diez copias, pero me aventé a pitchear el segundo libro). Gracias a las dos por dejarme ser yo, por la libertad y por hacer realidad mi sueño de convertirme en autora. Gracias Romina Pons, tocaya, que probablemente hablo contigo más que con mi familia entera, ¡ja! Gracias por tus ideas, tu creatividad y por aterrizarme siempre que me sale el síndrome de la impostora. Estando contigo siento que parto madres.

A mi equipo de Romina Media, a Itzel Alfaro (mi *work wife* y terapeuta), a Chava por ser mi porristo y terapeuta también, y a todas las personas que me ayudan a crecer profesionalmente todos los días. Gracias por su paciencia y por su talento. A Mirene *aka* Novia, quien es mi mejor amiga desde que teníamos 14 años y ahora se encarga de ser la administradora de mi negocio. Sin ti no sería la mujer empresaria que soy hoy. Te amo un chingo.

Ahora sí, a mis amigas de la bolita, a mi hermana del alma Renata Roa, Tania Pimentel, Denisse Pérez, Charms, Sof Macías, Clau Torre; sé que siempre se los digo, pero mi vida cambió desde que las tengo en ella. Gracias por su amor, su amistad, su apoyo y las carcajadas tan cabronas que nos echamos. Ustedes me confirman que la vida jamás te va a abandonar.

A mis amigas de antaño, Jime, Valo, Najar, Bibi, Cheni, Correa, Mau, porque no importa cuánto tiempo pase, siempre nos vamos a reír de las mismas tonterías.

A mi soporte Ro Nava, Lors, Bárbara, Sasa, Clau, Hilde.

A mi media naranja Fabis por existir.

A mi papá, a mi mamá y a mi hermana por ser mis mayores paleros y por todo su amor.

A Hellen, por todo tu cariño.

A Verito, por quererme, cuidarme y apapacharme.

A Diana Pineda, por enseñarme que a esta vida vine a ser feliz.

A la familia que escogí. A Juan, a Carlota, Roberta y Rodolfo (mis perros, que sé que no saben leer porque son perros, pero igual les quiero dar las gracias). Agradezco que todos los días me sacan risas con sus ocurrencias. Gracias por hacerme mejor persona.

Y, finalmente, gracias a la vida. Gracias universo, por todas las experiencias que he vivido. Agradezco que me he convertido en la persona que siempre quise ser.